진주의 노래

진주의 노래
한국 고아의 어머니 윤학자의 생애

모리야마 사토시 지음 | 윤기 옮김

홍성사.

차례

서문_ 사랑은 국경을 넘어   6
사진으로 보는 윤학자 여사의 모습   8

어린 시절에서 공생원에 이르기까지

프롤로그   25
1. 어두운 역사 속에서   34
2. 섭리의 질병   46
3. 윤치호의 사람이 되어   55
4. 목포 공생원 설립   65
5. 일본어와 음악 선생이 되어   75

사랑에는 국경이 없다

6. 사랑에는 국경이 없다   85
7. 반일운동 투사를 숨겨 주다   97
8. 결혼   107
9. 출산 그리고 성별(聖別)   116
10. 일본의 패망과 한국의 독립   127
11. 친어머니가 되어   140
12. 계속되는 시련   156
13. 기념식   170

시련을 넘어

14. 동족상쟁　　　　　　　　　　181
15. 인민재판　　　　　　　　　　188
16. 또 하나의 시련　　　　　　　197
17. 실종　　　　　　　　　　　　207
18. 당신이 남긴 뜻　　　　　　　213

진주의 노래

19. 원생들의 출정　　　　　　　233
20. 함태영 부통령의 방문　　　　248
21. 고민할 때 큰 힘이 되어　　　255
22. 성윤이의 죽음과 사회부장관과　262
23. 진주의 노래　　　　　　　　272
24. 영광의 개선　　　　　　　　277
25. 목포는 울었다　　　　　　　287
26. 충실해진 공생복지재단 사업　292

에필로그　　　　　　　　　　　295
옮긴이의 말　　　　　　　　　299

서문
사랑은 국경을 넘어

　1968년 10월, 전남 목포시에서 한 여인이 세상을 떠났다. 장례식에는 3만여 명에 이르는 시민들이 모여들어 그녀를 애도했다. 바로 그녀, 다우치 치즈코 여사는 실로 가난한 주부였다. 그런데도 왜, 그 많은 시민들이 모여들어 그녀의 마지막 가는 길을 눈물로 보냈을까?

　그로부터 3년 후, 다우치 여사가 돌보고 키운 고아들로 구성된 공생원 합창단이 공연차 일본을 방문했다. 이들 어린이들의 너무도 해맑은 모습에 감동한 것이 계기가 되어 한 일본인 여성이 다우치 여사의 아들과 결혼하여 2대째 고아들의 어머니가 되기로 결심했다.

　이 모든 결실의 배후에는 믿음이 충만한 다우치 여사가 있었다. 고아들의 기쁨에 넘친, 천사와도 같은 모습을 텔레비전으로 보면서 만약 다우치 여사가 평생을 헌신해 가며 이 어린이들을 키우지 않았더라면 이들의 운명은 어떻게 되었을까 생각해 보았다.

고아들을 위해 일생을 바치는 데는 대단한 용기가 필요했을 것이다. 그녀는 그리스도의 사랑으로 용기를 내어, '사랑에는 두려움이 없다'는 성경 말씀을 그대로 실천했다.

다우치 여사가 가꾸고 키운 이 공생원에는 지금 많은 일본인들이 후원자가 되어 도움의 손길이 끊이지 않는다. 이들이 이처럼 후원자로 나서게 된 것은 사랑으로 고아들을 키운 다우치 여사의 숭고한 삶에 감동하여, 자신들도 무엇인가를 해야 한다는 공감대를 이루었기 때문이리라.

"여러분! 한자로 '친할 친(親)' 자를 한번 보세요. '나무(木) 위에 서서(立) 본다(見)'는 뜻입니다. 부모는 자식이 슬하를 떠날 때 배웅하러 따라 나섭니다. 자식이 사라져 보이지 않을 때까지 서 있다가 그 모습이 보이지 않으면 나무 위에 올라가서까지 바라봅니다. 자식은 부모의 사랑 속에서 자라나는 것입니다. 부모 잃은 아이들에게 다우치 여사마저 없었다면 어떻게 되었을까요."

다우치 여사의 극진한 보살핌 속에서 자란 3천여 명의 고아들은 지금 한국의 각계각층에서 훌륭한 사회인으로 활동하고 있다. 그리스도의 사랑의 정신을 실천한 다우치 여사의 일생을 통해 우리도 그분의 삶을 되새기고 따라야 할 것이다.

미우라 아야코(三浦綾子)

사진으로 보는
윤학자 여사의 모습

윤학자 여사의
소녀 시절과
학창시절

윤치호 원장과 윤학자 여사의 결혼
(1938. 10. 15)

'그렇다. 저분은 내가 필요하다고 했다.
내가 아무 일도 못하더라도 저분의 구혼을 그대로 받아들이자.
일본이 범한 수많은 범죄에 조금이라도 속죄하자.
설령 이것이 고난의 길이고 또 아이가 없는 가정이라 하더라도
저 사람이 말한 대로 공생원 아이들을 내 아이라 믿고
고아들을 키우는 데 생애를 바치자.
다카오 선생님이 언젠가 말씀하신 것처럼
십자가가 없으면 월계관도 없다.
이것이 나의 십자가의 길이라면 그 길이 아무리 위태로워도
언젠가는 영광으로 이어질 것이다.'

- 윤치호의 청혼을 받아들이기로 결심하면서

공생원의
옛 모습과
어린이들

가족들과 함께한
윤치호 선생과
윤학자 여사

공생원 20주년
기념비 앞에서

사실 저는 아무 능력도 힘도 없는 약한 여자일 뿐입니다.
제가 남편의 뜻을 받들고 협력할 수 있도록
오늘날까지 저를 이끌어 주신 것은
하나님의 사랑과 여러분의 뜨거운 애정이라고 생각합니다.
진심으로 감사드립니다.
무엇보다도 저를 친어머니처럼 믿고 따라준
공생원의 우리 아이들에게 고마운 마음 전하고 싶습니다.
앞으로도 저희들이 더 열심히 살 수 있도록
많은 지도와 사랑 부탁드립니다. 감사합니다.

- 공생원 창립 21주년 기념식에서 인사말 가운데

초등학교,
중학교에
진학한 원생들과

어린이들과
풍금을 치며 노래하는
윤학자 여사

오사카 아동복지시설
박애사와의
자매결연식에서

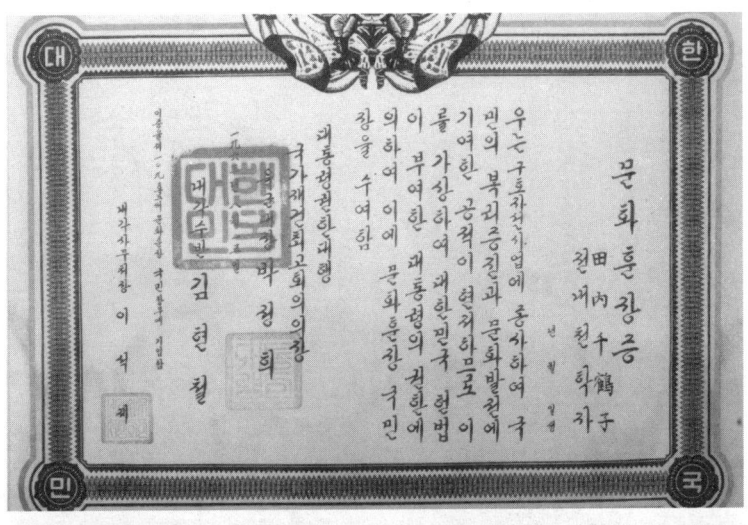

문화훈장   일본국 훈5등 훈장

목포시 최초의
시민장으로 치러진
윤학자 여사의
영결식
(1968. 11. 2)

어린 시절에서
공생원에 이르기까지

사랑이 있는 한
인간의 내일은
걱정이 없다

一九二八년 공생원을 설립한
윤치호 선도자 좌우명

형통한 날에는 기뻐하고 곤고한 날에는 되돌아보아라.
이 두 가지를 하나님이 병행하게 하사 사람이 그 장래 일을
능히 헤아려 알지 못하게 하셨느니라 (전도서 7장 14절)

프롤로그

"아이, 추워……"

무의식중에 떨었다. 장마철이라고는 하지만 냉해가 심했던 작년보다도 올 여름은 비가 많고 으슬으슬한 날씨가 계속됐다. 6월 하순인데도 얇은 여름 옷 대신 두터운 옷으로 갈아입고 나리타 공항으로 달렸다. 한국에 가기 위해서다.

서울은 무더웠다. 너무도 가까운 이웃 나라―.

미야자와 겐지(宮澤賢治)가 "추운 여름에는 허둥대며 걷는다"고 노래한 이와테(岩手) 현과 서울은 거의 같은 위도인데 날씨는 왜 이렇게 다를까. 한국의 올 여름은 비가 거의 내리지 않는다고 한다. 지난번에 겨우 50밀리미터의 비가 내렸는데도 '6백억 엔 상당의 득을 보았다'고 신문에 보도될 정도였으니.

1981년 6월 23일 오후 4시 45분. 서울역에서 목포행 새마을호를 탔다. '새마을'이란 이름은 새로운 농촌을 건설하겠다는 의지로 붙인 이름이다. 서울에서 목포까지는 420킬로미터. 5시간 반쯤 걸린다. 새마을호는 맨 뒤칸이 식당차고 차례로 1~4호차로 연결되어 있다. 승차 기분은 쾌적했다.

내일 오전, 사회복지법인 공생복지재단 목포공생원에서 강당 헌당식(獻堂式)이 열린다. 공생원 원생들과 결연을 맺은 일본인 '마음의 가족' 분들이 모은 돈으로 준공되어 증정되는 것이다.

헌당식에는 많은 손님들이 참석한다. 그중 목포 공생원 창립자이자 초대 원장인 윤치호 씨의 은사이며 피어선성서학원 교수를 지낸 김우현(金禹鉉) 목사님은 가장 연로하신 분으로, 87세다. 또 윤치호 씨와 다우치 치즈코 여사의 장남 윤기 씨(다우치 치즈코가 외동딸이어서 윤치호가 일본 호적에 입적하는 바람에 국적으로는 일본인 다우치 모토이가 되었다. 한국에서는 아버지의 성을 따라 윤기라고 부른다)의 은사인 중앙신학교 학장 김덕준(金德俊) 목사 부부도 있다.

그리고 윤기 씨와 다우치 후미에(오사카 출신으로 도시샤同志社 대학 사회복지학과 졸업) 여사의 딸 윤록(일본명 다우치 미도리, 서울에 있는 일본인 초등학교 3학년)과 일본의 목포 공생원 후원회 회장 하라다 켄(原田憲) 중의원 의원의 아들 켄지(憲治) 씨와 하라다 의원의 비서 니시나카 다케시(西中武士) 씨 등도 있다.

한국은 광복을 맞이할 당시 산과 들이 모두 헐벗어 있었다. 그러나 박정희 대통령이 산림녹화운동을 제창하고 전 국민이 호응한 결과, 이제는 가는 곳마다 녹음이 우거져 무척 아름다웠다.

더욱이 한국전쟁 당시 자유를 찾아 7백만 명에 이르는 북녘 동포가 남으로 내려와 식량난 때문에 매우 힘들었지만, 땀 흘려 고생한 보람이 있어 이 문제도 해결됐다.

차창 밖으로는 초록색 볏잎이 산들바람에 흔들리고 있었다. 이런 농촌 풍경과 함께 유독 내 눈에 띄는 것이 곳곳마다 십자가 탑이 우뚝 솟아 있는 교회당이었다. 내 맞은편에는 두 분 목사님이 앉아 있었다. 김우현 목사님께 물었다.

"김 목사님! 목사님은 목포 공생원 창립자이자 초대원장인 윤치호 전도사의 은사라고 들었습니다. 윤 전도사의 출신지나 그의 됨됨이, 당시 상황 등을 얘기해 주시겠습니까?"

고령인데도 정정한 그의 얼굴은 동안이었다. 김 목사님은 청년 시절 고베의 루터 신학교에서 공부하여 일본어가 유창했는데, 그는 사회복지시설 명휘원(明輝園) 상임이사로 재직 중이다.

명휘원은 신체장애아들을 위한 시설이다. 일제의 볼모가 되어 일본에서 거의 평생을 보낸 고종황제의 아들 이은(李垠) 공과 정략결혼을 한 이방자(李方子) 여사가 운영한다. 이방자 여사는 이은 공과 한국으로 돌아온 후 신체장애아들을 위한 시설을 운영하고 싶었지만 무일푼이나 다름없었다. 그러나 이방자 여사는 이 같은 어려움 속에서도 모금 활동을 펴 자금을 확보하고 명휘원을 세워 이사장으로 활동하고 있었다.

"윤치호는 목포시에서 가까운 농촌의 가난한 농가에서 태어났습니다. 우리나라에서는 신라 때부터 불교를 국교로 했기 때문에 불교가 번창했습니다. 지금의 경주는 그 흔적이기도 합니다. 그러나 조선왕조에 들어오면서 불교를 배척하고 유교를 국교로 했습니다. 그래서 불교는 도시를 벗어나 산속으로 들어가 숨죽이며 지내는 신세가 되었습니다. 이런 상황 속에서 조선왕조 후기에 가톨릭이 들어왔습니다. 조선왕조는 가톨릭을 박해해서 많은 순교자가 나왔습니다. 개신교는 1884년 미국에서 장로교 선교사 언더우드가 와서 장로교회를 부흥시켰으며, 같은 해에 미국에서 아펜젤러 선교사가 들어와 감리교회를 일으켰습니다. 어느 날, 언더우드가 조선왕조의 관리를 산으로 데리고 가서 토지가 필요하다고 했습니다. 어느 정도인지 물으니 '여기서 보이는 전부'라 하여 관리를 깜짝 놀라게 했답니다. 그렇게 해서 얻은 토지로 예수교장로회는 연세대학을, 감리교회는 이화여자대학을 세운 것입니다."

"윤치호가 나온 신학교는 어디입니까?"

"당시는 일본 총독부가 절대적인 권한이 있어서 한국인에게는 고등교육을 받지 못하게 했습니다. 따라서 한국인은 대개 초등학교 4학년까지만 다닐 수 있었지요. 우리를 열등 민족으로 얽어 넣으려는 속셈이었습니다. 그래서 중학교도, 여학교도 있긴 있었지만 거의 일본인 자녀가 우선적으로 들어가고, 한국인은 상당한 자산가의 자녀나 수재가 아니면 들어갈 수 없었던 것입니다.

그 소식을 들은 피어선이라는 미국의 그리스도인 실업가가 실태 조사차 내한했습니다. 그는 총독부의 방침이 지나치다고 지적하고 귀국하자마자 카밍 선교사 앞으로 상당한 자금을 보내왔습니다. 카밍 선교사는 그 돈으로 서울 시내에 '피어선 기념 고등성서학원'을 세웠습니다. 당시 총독부가 허가한 학교에서는 일본어 교과서가 쓰였습니다. 피어선 성서학원에서는 한국어로 성서와 신학과 함께 보통교육을 받을 수 있었습니다. 그래서 피어선 성서학원은 전국 청년들의 동경의 대상이 되었던 것입니다. 입학시험은 늘 수십 대를 넘는 경쟁률을 나타냈죠. 나는 일본의 루터신학교를 나왔으므로 그곳 교수로 초빙되어 목사를 겸해서 신·구약 성서를 가르쳤습니다. 이 학교를 나와서 평양의 신학교에 들어가는 사람도 있었습니다. 피어선 성서학원에서도 전도사 자격을 주었습니다. 윤치호는 목포에서 활동하던 줄리아 마틴(한국명 마우리) 선교사에게 전도를 받았는데 나중에 양자가 될 정도로 사랑받았습니다. 마우리 선교사는 윤치호의 가장 든든한 후원자이기도 했습니다."

"목사님이 보실 때는 어떤 청년이었습니까?"

"작은 몸집에 마른 편으로, 눈이 빛나는 청년이었습니다. 그러나 체구에 비해 당차고 사람들에게 많은 도움을 주었습니다."

"역시 고아들을 모아 고아원을 세우고, 거지대장이라고 불릴 정도로 당시부터 소질이 있었습니다."

나는 옆에 앉은 김덕준 목사의 얼굴을 쳐다보았다. 중앙신학교 학장 겸 목사를 지낸 그는 60세 전후로, 둥근 얼굴에 성품이 온화한 분이었다.

"김덕준 목사님! 지금의 공생복지재단 이사장 윤기 씨는 목사님의 제자였다는데 어떤 학생이었습니까?"

"작은 몸집에 키는 아버지 정도이며 둥근 얼굴은 어머니를 닮았지요. 대담하게 일하는 걸 보면 아버지의 피가 흐르는 것 같습니다. 그러나 고아들에게 세심하게 신경 쓰는 모습은 역시 어머니를 닮았지요. 믿음직한 젊은이입니다. 그의 부모가 천국에서 보고 얼마나 기뻐하고 계실까요."

　열차 안은 이야기로 가득 찼다. 하라다 씨와도 얘기를 나누는 동안 어느새 목포에 도착했다. 역에는 윤기 씨와 이귀동 목사, 그리고 내가 양딸로 삼은 안혜숙, 이숙희, 두 아이의 밝은 모습도 보였다.

　밤 10시가 지난 목포 시내는 한적했다. 나는 두 딸과 함께 차를 타고 바닷바람 냄새를 맡으며 해안 길을 따라 공생원으로 향했다.

　다음날 헌당식에는 공생원 원생들과 직원들, 목포 시장을 비롯한 시청 직원들, 그리고 목포 시내의 목사님 10여 명이 신자들과 함께 참석했다.

　강당의 완공을 하나님께 감사하는 찬송에 이어 이귀동 목사의 기도가 끝난 후 윤기 이사장은 실로 감동적인 〈헌당사〉를 낭독했다. 더구나 '아버지 윤치호의 기도'라고 한 부분은 참석자들에게 깊은 감동을 주었다.

　"오늘, 이 뜻깊은 공생원 강당 개축공사 헌당식을 맞이하여 먼저 하나님께 감사드립니다. 그리고 이처럼 훌륭한 강당이 만들어지도록 지원해 주신 모리야마 목사님을 비롯해 '마음의 가족' 후원자 여러분께 진심으로 감사의 말씀 올립니다. 또 지역사회에 계시면서 공생원을 사랑하고 도와주시는 목포 시장님을 비롯하여 관계 기관의 여러분, 특히 이곳에 참석하신 교인 분들께도 감사드립니다.

　저의 아버님이 처음 강당을 지었을 때는 빈손이었습니다. 크다면 크고 작다면 작은 강당이었지만, 가난한 '거지대장'에게는 대단한 일이었습니다. 그러나 아버님은 '하나님께서 주신다'라는 말씀을 따라 기도했습니다. '빈손으로 짓습니다'면서 기도를 드렸습니다. 원생들이 매일매일 늘어나 아이들을 먹이고 재우는 일도 벅찼지만 더 중요한 일은 하나님께 예배드리는 일이었습니다. 따라서 강당이 절실히 필요했습니다. 아버님은 땅을 고르고 기둥감이 생기면 기둥을 세우고 기도하면서 조금씩 조금씩 강당을 지어 나갔습니다.

아버님은 어느 날, 해안에 떠내려온 조그마한 난파선을 발견했습니다. 난파선을 주신 것도 하나님의 뜻으로 알고 감사드렸습니다.

이렇게 해서 10년이나 걸려 완성한 강당에서 지난 40여 년간 많은 아이들이 하나님을 알고 하나님의 사랑에 감사하면서 성장할 수 있었습니다.

저는 공생원에서 자라 사회에 나간 한 형제로부터 이런 내용의 편지를 받았습니다.

저를 기억하십니까? 저는 상급반의 Y입니다. 원장 선생님! 당시 저는 개구쟁이였습니다. 가장 싫은 것은 예배 시간이었습니다. 예배 시간에는 어디론가 숨곤 했습니다. 하지만 10년이 지난 지금, 어릴 때 공생원 강당에서 들었던 설교를 기억하고 있습니다. 직장에서 일하고 있을 때 멀리서 들려오는 교회 종소리를 듣고 있으면 어릴 때를 생각하게 됩니다. 직장 때문에 교회에 나가지 못하고 있지만 종소리를 들으면 공생원 강당을 생각하게 되고 '저도 교회에 나갈 수 있게 해주세요'라고 기도합니다.

이처럼 이 강당에서 하나님의 사랑을 체득하고 사회에 발을 디딘 원생들이 3천 명이나 됩니다. 많은 아이들이 이곳에서 자랐지만 사회적으로 큰 문제를 일으키지 않은 것도 그리스도의 정신을 바탕으로 성장했기 때문이라고 생각합니다.

이 공생원의 정신은 서울특별시까지 퍼져 '서울종합직업훈련원'에서는 연간 2천8백여 명이 '①강철 같은 의지를 갖겠다 ②유능한 기술자가 되겠다 ③이웃을 사랑하겠다'라는 원훈(院訓) 아래 기술만 배우는 것이 아니라 예수님을 알게 하는 전도의 장(場)으로도 큰 성과를 거두고 있습니다.

또 소설 《빙점》의 작가 미우라 아야코(三浦綾子) 선생의 해설로 만들어진 《사랑은 국경을 넘어서》라는 공생원 이야기는 TV로도 제작되어 일본은 물론 미국의 그리스도인 사회에까지 큰 감동을 주고 있습니다.

한국의 최남단, 밤이 되면 파도 소리밖에 들리지 않는 유달산 기슭, 가난한 사람들이 모여 살던 대반동(大盤洞)에 자리잡은 공생원 이야기가 왜 이렇게 서울로, 일본으로, 세계로 알려지고 있을까요? 그것은 하나님의 사랑이 함께하기 때문이라고 생각합니다."

윤기 이사장의 헌당사가 계속되는 동안 참석자들은 모두 감격해서 눈물을 흘렸다.

헌당사에 이어 나는 이렇게 축사를 했다.

"일본은 한국을 36년간 침략하여 말할 수 없이 잔학한 죄를 범했습니다. 한국이 광복을 맞은 지 36년째 되는 이 해에 이 강당을 개축해서 헌당하게 된 것은 작은 사죄의 뜻입니다."

목포 시장 범택균 씨는 이렇게 축사를 했다.

"예수 그리스도가 '죄 없는 사람은 이 여자에게 돌을 던져라'라고 했을 때 아무도 말을 못했습니다. 우리도 일본에 대해 일본이 지은 죄를 물을 수 있는 사람은 한 사람도 없습니다. 우리 모두는 하나님 앞에 죄인이기 때문입니다.

최근 한국 교회가 부흥하여 일본 교회에서 많이들 견학하러 옵니다. 그러나 예수님은 병든 사람을 고쳐 주고, 버림받은 사람을 구해 주고 가난한 사람은 위로해 주셨습니다. 오늘 기독교인이 적은 일본 교회에서 우리나라 복지시설에 사랑을 안겨 준 것은 오히려 한국 교회가 배워야 하지 않겠습니까?"

그렇다. 목포 시장도 이렇게 훌륭한 연설을 하는 것을 보고 나는 한국의 기독교층이 한없이 넓고 두터움을 느꼈다. 한국인들 앞에 서서 조국 일본이 범한 죄 때문에 얼굴을 들지 못하고 있는 나에게 이렇게 큰 마음으로 일본인을 용서해 주는 축사를 들으며 그리스도의 사랑을 깊이 느꼈다.

1. 어두운 역사 속에서

근대 한국과 일본의 너무도 비극적인 어두운 역사…….

급변하는 국제 정치의 물결 속에서 연약하기만 했던 한 일본인 여성이 그리스도를 믿는 신앙으로 한국인 남편을 사랑하고, 한국 고아들을 사랑하고, 또 남편의 나라 한국을 제2의 모국으로 여기며 일생을 바쳤다. 그리고 56세의 아까운 나이에 한 알의 밀알이 되어 땅에 떨어져 숨을 거두었다.

그러나 지금은 한 알의 밀알이 자라 많은 낟알이 열리고 있다. 목포 공생원의 초대(初代) 어머니, 다우치 치즈코 여사!

그녀는 1912년 10월 31일 일본 고치(高知)에서 태어났다. 아버지 다우치 도쿠치(田內德治), 어머니 야스오카 하루(安岡ハル), 두 사람은 열렬히 사랑했지만, 도쿠치의 아버지는 둘의 결혼을 받아들이지 않았다.

고치의 옛 이름은 도사(土佐). 이곳은 태평양을 마주하고 있어 항상 큰 파도가 물결친다. 가쓰라하마(桂浜) 해변에는 메이지 유신의 주역인 사카모토 료마(坂本龍馬)의 동상이 태평양을 바라보며 우뚝 서 있다. 고치 성문 앞에는 예전 전국시대 말 성주였던 야마노우치 가쓰도요(山之內一豊)와 그를 출세시킨 부인의 동상이 서 있다. 그만큼 고치 출신 사람들은 봉건적이면서도 진취성이 강하다.

도쿠치와 하루는 부모의 강경한 반대에 부딪히자 이에 굴하지 않고 집을 뛰쳐나왔다.

치즈코가 태어나기 2년 전인 1910년 8월 29일, 조선 통감 데라우치(寺內正毅)는 한일합방을 결행했다. 물론 대한제국의 마지막 황제 순종(純宗)이 나라를 일본에 양도한 것은 아니다. 그는 어떻게든 일본 제국주의에서 벗어나고자 했다.

이보다 앞서 일본 공사 미우라(三浦)는 청일전쟁이 끝난 1895년 10월 8일 일본의 낭인 자객들을 지휘, 경복궁을 습격해서 명성황후를 살해하고 그 시신마저 불태우는 만행을 저질렀다.

일본 정부는 이 사건에 대해 형식적으로 고종황제에게 유감을 표하고 미우라를 파면, 관련자 47명을 일본으로 압송해서 히로시마 감옥에 수감했다. 그러나 80여일 후 증거 불충분으로 전원 석방했다. 미우라는 후일 귀족원의 칙선(勅選)의원과 추밀원 의장을 지냈다.

한일합방이 되자 유환직(劉煥直) 장군이 수하 병졸을 이끌고 일본군에 맞서 싸웠지만 장렬한 최후를 맞았다. 그의 아들 용기(鏞基)도 칼을 뽑아들고 싸웠지만 일본군에게 죽임을 당해 부자 2대가 조국을 위해 목숨을 바쳤다. 이후에도 50여 군데서 항일운동이 일어났지만 일본군의 우세한 화력 앞에 모두 무릎을 꿇었다.

5천 년의 유구한 역사와 전통에 빛나는 조선은 일단 명맥이 끊겼다. 일제는 일본에 문화를 전해 준 선진 나라를 정복하고 식민지로 삼은 것이다.

일제는 조선 통치를 위해 인재가 필요했다. 그래서 조선총독부에서 근무할 일본의 젊은이들을 모집했다. 고치 시에서 지금까지 부모와 서먹하게 지내던 도쿠치는 이에 응시, 한일합방 다음 해인 1911년 조선으로 떠나며 아내에게 말했다.

"조선의 정치 상황이 아직 불안하니 안정을 되찾거든 부를 거야. 그동안 건강한 아이를 낳아 줘."

"네, 걱정하지 마세요. 제겐 하나님이 계시니까요. 저보다도 조선은 반일 감정이 강하다니까 당신이야말로 조심하세요."

그때 도쿠치의 부인 하루는 임신해 있었다. 그녀는 의학을 공부하고서 조산원을 개업하고 있었으므로 생활비는 걱정이 없었다. 또 건강했다. 그리스도인으로서 성경을 열심히 읽고 성경 말씀대로 생활할 정도로 믿음이 강했다.

도쿠치가 부인 하루와 딸 치즈코를 만난 것은 1919년 가을이다. 도쿠치 일가의 재회가 이처럼 늦어진 것은 조선의 치안을 걱정한 도쿠치의 염려 때문이었는지도 모른다.

그러나 이렇게 차일피일하는 사이 치즈코가 초등학교에 입학할 나이가 되었다. 문제는 도쿠치 집안에서 두 사람의 결혼을 인정하지 않아 하루가 호적에 입적할 수 없어, 치즈코가 하루의 사생

아가 될 수밖에 없었던 것이다. 이것은 도쿠치도 하루도 참기 어려운 일이었다.

　그 무렵 도쿠치는 목포 시청에서 근무 중이었다. 당시 목포는 부산, 원산, 인천과 함께 조선의 4대 항구로, 목포항에서는 일본에 '삼백(三白)' 즉 쌀, 소금과 면화 등을 수출하고 있었다.

　당시 목포의 인구는 약 15만 명으로, 그중에 일본인은 5천 명 정도였다. 목포시의 지형을 보면 북서부에는 바위투성이인 유달산이 우뚝 서 있고 산기슭으로 완만한 경사지가 동서로 뻗어 있는데, 항구에서 바닷물을 끌어들이는 운하 옆에 호남선 종착역인 목포역이 있었다. 도심은 유달산과 운하 사이에 형성되어 있었으나 일본인들은 여기서 한 블록 떨어진 곳에 많이 살았다. 도쿠치는 일본인 동네에서도 조금 떨어진 운하 가까운 곳에 살았다.

　치즈코는 어머니 하루로부터 늘 아버지가 훌륭한 분이라고 듣고 자랐으며, 사진을 보면서 아버지와 만나기를 고대하고 있었다.
　치즈코는 아버지를 만나면 이 이야기도 해야지, 저 이야기도 해야지 하며 생각이 많았지만 아버지를 만나는 순간 "아버지!" 하고 한 마디 하고는 목이 메었다.
　"치즈코! 잘 왔구나. 참 많이 자랐구나. 아버지는 얼마나 기다렸는지 모른단다."
　도쿠치는 딸의 얼굴을 찬찬히 바라보았다. 부인과 딸을 만난 기쁨은 이루 말할 수 없었다.
　처음 조선 땅을 밟은 일곱 살의 치즈코에게는 보고 듣는 모든 것이 신기했다. 하얀 옷차림에 갓이 큰 모자를 쓰고 긴 파이프 담배를 피우는 노인들, 치마저고리를 입고 걸어다니는 여자들, 빨래 두드리는 방망이 소리, 머리에 커다란 물건을 이고 다니는 아낙네들······.

그러나 평화스럽게 보이는 풍경 뒤로 어찌 그토록 심한 민족차별과 착취가 행해질 수 있었을까.

치즈코가 조선에 온 이듬해인 1919년 3월 1일 '3·1 독립만세 운동'이 일어났다. 이 사건의 배경을 조금이라도 알지 못하면 다우치 치즈코의 고난의 생애를 이해할 수 없을 것이다.

1914년 7월, 오스트리아 황태자와 황태자비가 세르비아의 수도 사라예보에서 세르비아 청년에게 암살당했다. 이 사건으로 발발한 제1차 세계대전은 독일, 오스트리아, 터키, 불가리아 등 동맹국과 영국, 프랑스, 러시아, 이탈리아, 벨기에, 일본, 미국, 중국, 루마니아 등 연합국의 전쟁으로 확대되었다.

전쟁 참가 인원은 동맹국이 2천4백만 명, 연합국이 4천3백만 명이었다. 그러나 가장 강했던 독일군도 1918년 7월에는 밀리기 시작하여 같은 해 11월 11일 항복, 휴전이 성립되었다.

다음해 프랑스 베르사이유 궁전에서는 평화회의가 열렸다. 이 회의를 주도한 미국의 윌슨 대통령은 전후 유럽에서 영토 조정의 원칙으로 민족자결주의를 내세웠다. 즉 피지배 민족(식민지나 점령지역)에게 자유로우면서도 공평하고 동등하게 자신들의 이해를 결정할 수 있는 자결권을 인정한다는 것이다.

당시 조선 민족에 대한 총독부의 식민지 정책은 이루 말할 수 없을 정도로 가혹했다. 그 한 예가 조선을 합병한 2년 후 1912년에 실시한 토지조사령이다.

　조사령 제4조에는 "토지 소유자는 조선총독부가 정한 기간 안에 주소, 성명, 소유지의 명칭, 땅의 면적을 신고하라"고 되어 있었다. 그러나 당시만 해도 조선은 아직 근대적인 소유권 제도가 확립되어 있지 않았다. 대부분의 농가는 대대로 물려받은 땅을 경작하고 있었기 때문에 얼마만큼 땅이 있는지, 어떻게 신고해야 하는지 몰랐을 뿐 아니라 글도 잘 몰라서 신고하지 않은 사람들이 많았다. 그러자 총독부는 무신고 토지는 '소유자 없음'으로 해서 일본의 척식(拓殖)회사에 소유권을 넘겼다.

　이렇게 토지를 강제로 빼앗긴 농부들은 삶의 터전을 잃고 고향을 등진 채 만주나 일본으로 떠났다. 토지가 있는 농부들도 일본인에게 고금리로 급전을 빌리는 경우가 있었는데, 열심히 돈을 모아 갚으러 가면 시계 바늘을 앞당겨 놓고 "시간이 지났다"며 저당한 땅을 차지하곤 했다.

　한편 만주나 일본에도 가지 못한 사람들은 북쪽에서 따뜻한 남쪽지방으로 내려와 목포시는 거지가 들끓게 되었다. 이처럼 거지가 넘쳐 구걸마저 어려워지자 이들 가운데 일부는 목포 앞바다의 5백여 무인도에 들어가 오두막집을 짓고 고기잡이 도구도 없이 생선을 잡아 목포에 내다 팔았다. 이들은 너무나 형편이 어려워 아이를 낳으면 키울 수 없어 길에다 버리기도 했다.

　1919년 1월 22일, 베르사이유 평화회의 와중에 고종황제가 갑자기 세상을 떠났다. 평소 건강하던 고종황제가 발병한 지 이틀 만에 승하하여, 조선총독부에 의해 독살당한 것이라는 설이 파다했다. 소문에 따르면 고종황제는 총독부의 독살을 경계하여 어릴 때부터 키워 준 유모의 음식 외에는 먹지 않았다. 이에 총독부는 이 유모를 돈으로 구슬려 황제를 독살하게 했다. 황제는 고통스러워하며 숨을 거두었는데, 총독부는 돈을 준 유모도, 그 현장을 본 두 궁녀도 함께 죽였다. 그러고는 "고종황제는 이름 모를 병으로 죽었다"고 발표한 것이다.

1919년 3월 1일, 탑골공원에는 고종황제의 죽음을 애도하는 40만의 인파가 모여들었다. 그중에서 천도교, 불교, 기독교 등의 종교 지도자들이 민족 대표로 선정되어 약 4천 자에 이르는 독립선언문을 작성하고, 이를 천도교 대표자가 소리 높여 낭독했다.

"조선 독립 만세!"

탑골공원 군중은 한목소리로 힘차게 외쳤다. 공원을 나온 군중은 행진을 시작, 곧 60만 명으로 불어났다. 이것이 전국에 파급되어 그 수는 2백만~4백만 명에 이르렀다. 밤에도 마을이나 산에서 횃불을 들고 "조선 독립 만세!"를 외쳤다.

총독부는 군대와 경찰을 총동원하여 무자비한 탄압을 자행했다. 민족 지도자들을 체포하고, 반항하는 민중을 무차별 총살하거나 칼로 찔러 죽였다. 어느 부인은 군마의 꼬리에 머리를 매인 채 그 말이 달려 고통스런 죽음을 당하기도 했다. 일제는 특히 기독교를 박해하고 서울 시내의 그리스도인을 체포, 십자가형에 처했다.(그 처참한 장면을 담은 사진이 지금도 남아 있다.)

일본의 군사령관 우쓰노미야 타로(宇都宮太郎)는 "한민족은 5천

년 역사의 문화 민족이기 때문에 탄압만으로는 문제가 해결되지 않는다"고 총독부에 충고했지만, 하세가와 고도(長谷川好道)는 철저한 탄압을 명령하고 용의자를 처형토록 했다.

그중에서도 가장 잔인했던 것이 바로 제암리교회 사건이다. 제암리는 수원시에서 서쪽으로 10킬로미터쯤 떨어진 곳에 있다. 이곳의 조그마한 교회가 감리교단에 속한 제암리교회인데, 교회와 가까운 곳에서 경찰 한 명이 살해된 사건이 벌어진 것이다. 그러자 일본 헌병대는 사건을 제대로 조사하지도 않고 남자 교인들을 교회당에 모두 모이게 했다. 그러고는 출입문을 못질한 후 교회당 주위에 장작을 쌓고 석유를 부어 불을 질렀다. 순식간에 교회당은 불길에 휩싸였다.

신도 중에 어린아이를 데리고 간 사람이 있었다. 그는 유리창을 깨고 "이 아이만은 살려 달라"고 아이를 창문 밖으로 내던졌지만 헌병들은 아이도 총살했다.

희생자 중에는 결혼식을 올린 지 얼마 되지 않은 신랑도 있었다. 그는 교회로 집합하라는 명령에 영문도 모른 채 교회당에 들어섰다가 불길이 치솟자 창문을 뛰어넘다 총살당했다. 뒤늦게 달려온 신부가 남편의 시체를 부둥켜안고 통곡하자 헌병들은 신부마저 총검으로 찔러 죽였다.

이 같은 비극은 제암리, 수천, 화수리, 정주, 맹산, 강서, 대구, 밀양, 합천, 남원, 천안, 의주, 강계 등지를 비롯, 전국 곳곳에서 수없이 벌어졌으며, 조성근(趙聲根) 일가는 모두가 한꺼번에 죽임을 당하기도 했다.

조선총독부는 "7천 명을 처형했다"고 발표했지만, 한국에는 10만 명이 학살당했다는 기록이 있다. 3·1 만세운동은 많은 희생자가 나왔지만 일본의 무력으로 진압되었다. 그러나 일본인에 대한 조선인의 울분은 깊어 가고 있었다.

어린 치즈코는 3·1 만세운동을 이해하기 힘들었지만 조선의 아이들이 적대의식으로 대하는 것이 슬펐고, 같은 인간이 왜 증오해야 하는지를 생각하면 몹시 안타까웠다.

3·1 만세운동이 일어난 지 4년. 치즈코는 야마테(山手) 초등학교 5학년생이었다. 여름방학도 끝난 9월초, 학교 선생님에게 간토(關東) 지방에 큰 지진이 나 도쿄가 거의 불타고 많은 사람이 죽었다는 말을 들었다.

그날 집에 돌아오자 아버지가 가까이 사는 일본인들과 뭔가 걱정스러운 듯이 낮은 소리로 이야기하고 있었다.

"들리는 말에 따르면 도쿄에서는 조선인들이 폭동을 일으켜 우물에 독극물을 풀고 주택에 불을 질러 소동이 일어났다는데⋯⋯ 조선에서는 이런 일이 일어나지 않았으면⋯⋯."

그러나 이것은 피해망상에 사로잡힌 일본인들이 지어낸 유언비어였고, 여기 귀 기울인 일본인들이 죄 없는 한국인들을 무려 4만 명이나 죽인 것이다.

초등학교를 졸업한 치즈코는 일본인을 위한 목포공립고등여학교에 입학했다. 이곳은 한국의 상류층 가정이거나 성적이 좋은 여학생 외에는 거의 일본인들이 다니고 있었다.

치즈코의 반에는 김양금(金良錦), 강우진(姜又珍)이라는 두 조선 여학생이 있었으며, 일본인 중에는 메이지 천황의 궁중 가인(歌人) 오치아이 나오부미(落合直文)의 손녀 오치아이 도루(落合亮)가 들어왔다. 오치아이는 명석한 두뇌와 아름다운 용모, 적극적인 활동으로 반 전체의 신뢰를 받고 있었다. 반면 치즈코는 공부는 늘 첫째였으나 행동에 신중하고 눈에 띄지 않는 성격이었다. 한번 결심하면 끝까지 해내는 강한 면이 있는데, 이 점은 부모를 닮은 듯했다.

치즈코가 4학년이 되었을 때 다카오 마스타로(高尾益太郞)라는 영어 교사가 전남 도청이 있는 광주에서 목포고녀로 부임해 왔다. 그는 영국 에든버러 대학에서 공부하고 귀국하여 목사가 되었으나 느끼는 바가 있어 조선에 와서 교육자로서 전념했다. 다카오 선생의 부인은 음악에 뛰어나 남편이 근무하는 학교의 음악 교사가 되었다. 다카오 선생은 신실한 그리스도인이고 박학다식해서 학교에서도 인기가 높았다. 치즈코는 신앙 면에서나 인격 면에서나 다카오 선생에게 많은 감화를 받았다. 다카오 선생의 부인에게는 오르간 개인 레슨을 받고 있었다.

이듬해인 1929년 11월 3일 '광주 학생 항일운동'이 일어났다. 당시 광주에는 일본인이 다니는 광주중학교와 한국인이 다니는 광주고등보통학교, 광주여자보통학교가 있었는데, 많은 학생들이 열차로 통학했다.

발단은 통학 열차에서 시작됐다. 10월 30일 하교 때 일본인 학생들은 통학 열차에 탄 조선인 여학생을 희롱했는데 그 도가 지나쳤다. 같이 탄 조선인 남학생들이 주의를 주자 일본 학생들이 "조선인 주제에 건방지다"며 시비를 걸어 열차 안에서 집단 난투극이 벌어졌다.

열차가 나주에 도착하자 역전파출소 순경이 사건 전말도 듣지 않고 한국인 학생들을 구타했다.

다음날 아침, 일본인 학생들은 등교길의 조선인 학생들을 기다렸다가 집단 구타했다. 그날 하교 때는 양교 학생들이 집단 패싸움을 벌였다. 이튿날 〈광주일보〉는 난투극의 책임이 조선인 학생 쪽에만 있는 것처럼 왜곡한 기사를 실었다.

11월 3일, 조선인 학생들이 광주일보사에 항의하러 몰려갔을 때 일본인 학생들은 준비하고 기다린 듯 다시 싸움을 걸었다. 경찰, 재향군인, 소방단원 등이 출동하여 겨우 진압했다.

그러나 조선인 학생들은 많은 수가 체포, 투옥되었다. 11월 12일, 조선 학생들이 투옥 학생 석방을 요구하며 광주형무소를 둘러싸고 시위에 나서자 대기하고 있던 경찰들이 공격해 왔다. 또 많은 학생들이 체포되었다.

이 사건이 알려지자 전국에 배일운동이 물결쳤으며 서울은 물론 북으로 신의주에서 남으로 부산에 이르기까지 총 149개 학교에서 5만 4천 명의 학생들이 동맹 휴학이나 시위에 가담했다.

치즈코가 살고 있는 목포에서도 목포상고와 정명여고가 시위에 가담했다. 그러자 총독부는 용산에서 2개 연대를 출동시켜 사태를 겨우 진압했지만 이 소동은 이듬해 3월까지 계속되었고 검거된 사람만도 1,642명에 달했다. 582명이 퇴학 처분을 받았으며 2,332명이 무기정학을 당했다. 전국을 휩쓴 학생운동은 일본의 무력진압에 또다시 사그라들었지만 일본인에 대한 원한이 조선인 마음속 깊이 사무쳤다.

이 무렵 치즈코는 다카오 선생을 찾아가 그리스도인으로서 조국 일본의 정치가 너무 싫다고 했다. 다카오 선생은 "바보 같은 사람들, 조선의 역사는 5천 년이나 되는데 힘으로 누르려 하면 반발이 생길 뿐"이라며 개탄했다. 그는 또 "예수님 말씀에 따르면 '검으로 일어선 사람은 검으로 망한다'"고 강조하면서 "거룩하신 하나님을 모르는 사람이야말로 가장 어리석은 자"라고 했다.

"치즈코! 내가 언젠가 말한 출애굽기 32장을 기억하니?"

'모세가 하나님의 산에서 내려오니 이스라엘 백성들이 하나님의 계명을 무시하고 우상을 만들어 그 앞에서 앉아서 먹고 마시며 희롱까지 자행했다'

하나님은 10계명 중 제1계명과 제2계명을 어긴 그들에게 노여워하며 '이 민족을 파멸하라'고 하셨으나 모세는 목숨을 걸고 하나님의 노여움을 가라앉혔다.

그래서 시편 106편 23절에서는 '여호와께서 그들을 멸하리라 하셨으나 그가 택하신 모세가 그 어려움 가운데에서 그의 앞에 서서 그의 노를 돌이켜 멸하시지 아니하게 하였도다'라고 했다.

"치즈코! 나는 목사를 그만두고 조선에 왔을 때 하나님의 섭리를 깊이 생각했다. 이런 시대에는 선택된 그리스도인으로서 사명을 느낀다. 기도하자. 조국 일본을 위하여."

울먹이며 권하는 다카오 선생을 따라 치즈코도 어느새 눈물로 기도하고 있었다.

2. 섭리의 질병

1929년 봄. 치즈코는 5년제 목포고녀를 졸업했다. 학교는 졸업했지만 치즈코는 다카오 선생 부인에게 계속 오르간 개인 교습을 받고 있었다. 어느 일요일 오후, 치즈코는 다카오 선생 집을 찾았다.

"선생님! 계셔요? 치즈코입니다."

그러자 다카오 선생이 현관까지 나와 반겼다. 다카오 선생은 치즈코에게 오르간을 마스터한 것을 축하한다며 등을 두드려 주었다.

"이 모두가 선생님과 사모님 덕분입니다. 오늘까지 가르쳐 주셨고, 또 뒤를 봐주신 것에 감사드립니다. 오늘은 부탁을 드리러 왔습니다. 앞으로 제가 어떻게 해야 좋을지, 어떤 일을 해야 할지 가르쳐 주십시오."

그러자 옆에 앉아 있던 다카오 선생 부인이 입을 열었다.

"치즈코! 나는 너를 위해 늘 기도해 왔단다. 좋은 직장이 있긴 한데…… 너는 어떤지 모르겠구나. 이곳 남교동에 있는 정명여학교인데, 음악 교사를 구한다니 가보는 게 어떻겠니……"

정명여학교는 그리스도의 전통적 신앙을 바탕으로 한 미국계 미션스쿨이다. 치즈코가 다닌 목포고녀는 90퍼센트가 일본인으로 한국인이 거의 없지만 정명여학교는 전원이 한국인 학생이다. 철저한 기독교 정신으로 교육하고 있으며 매일 아침 예배 시간에는 찬송가를 부르고 성경을 읽고 기도드린다. 매주 성경 강의도 있는데, 필수과목이다. 지난번 광주 학생 항일운동 때는 목포에서 가장 먼저 일어선, 애국심이 투철한 명문 학교다.

다카오 선생 부인은 목포고녀에서 음악을 가르치며 집에서는 몇몇 제자들에게 개인 레슨을 하고 있었는데, 정명여학교에서 그녀에게 "누군가 적당한 음악교사를 추천해 달라"고 의뢰받은 참이었다.

다카오 선생 부인은 음악적으로도 이미 상당한 수준에 오른 치즈코를 추천하기로 마음먹고 있었다. 그러나 겸손한 치즈코는 아직 학교에서 가르치는 데는 자신이 없다고 신중하게 대답했다.

"치즈코! 걱정할 것 없어. 항상 하나님께 '제 실력을 발휘하게 해주세요'라고 간절히 기도드리거라. 그리고 내가 늘 강조했듯이 음악은 테크닉도 있어야 하지만 그 이상으로 중요한 것은 가사와 멜로디에 대한 감동이야. 너는 이것이 있기 때문에 학생들도 틀림없이 너를 받아들일 것이다."

"그래. 나도 집사람에게 그 얘기를 듣고는 찬성했다."

다카오 선생도 옆에서 조언했다.

"선생님! 그럼 해보겠습니다. 기도해 주세요."

이렇게 해서 치즈코가 정명여학교에 부임하기로 정해졌다. 치즈코보다 키가 큰 학생들도 있었지만 최선을 다하는 치즈코의 진지함이 학생들에게 감동을 주어 평판도 좋았다.

이 무렵 일본의 상황은 한층 악화되어 갔다. 결국 만주에 주둔한 관동군이 치즈코가 정명여학교에서 근무하기 1년 전인 1931년 9월 18일, 만주 철도를 스스로 폭파하고도 "폭파당했다"고 거짓 발표를 하고는 군사 행동을 개시했다. 이른바 '만주사변'을 일으킨 것이다.

3일 후에는 조선의 주둔군도 출병하여 관동군과 합세했다. 일본군은 중국군을 무차별 공격, 곧 금주(錦州)를 점령했다.

이듬해인 1932년에는 일본 천황의 궁성인 황거(皇居)의 사쿠라다(櫻田) 문 밖에서 이봉창 의사가 천황을 암살하려 했으나 미수에 그쳤다. 이해 4월 1일, 일제는 청나라의 마지막 황제인 선통제(宣統帝) 부의(溥儀)를 괴뢰 정권으로 하는 만주국의 건국을 발표했다. 일제는 만주국 건국과 함께 만주는 '일본의 생명선'임을 나라 안팎에 선언했다. 그런데 그해 4월 29일 일본 천황의 탄생일인 천장절(天長節)에 상하이 홍구 공원에서 열린 기념식에서 상하이 파견 일본군 사령관 시라카와 요시노리 대장을 비롯한 일본군 수뇌가 윤봉길 의사가 투척한 폭탄에 즉사했다. 이 사건은 일제에 대한 원한이 얼마나 뿌리 깊은지를 보여 주는 단적인 예지만 일제는 전혀 반성하지 않았다.

성경은 잠언 16장 18절에서 "교만은 패망의 선봉이요 거만한 마음은 넘어짐의 앞잡이니라"라고 가르치고 있지만, 당시 일본 군부는 정말 '무모한 짓을 하는 어리석음'을 범하고 있었다.

같은 해 5월 15일 상하이에서 '일·중 정전협정'이 체결되었다. 그러나 이 협정이 일본의 일방적인 양보라며 불복하는 육·해군 장교들이 수상 관저에 난입, 이누가이 쓰요시(犬養毅) 수상을 사살했다. 이른바 5·15 사건이다. 이 사건 와중에 일본의 많은 애국지사들이 죽임을 당했다. 그뿐만 아니라 군부의 독주에 제동을 거는 사람들은 차례로 제거되었다.

군부의 이 같은 폭거는 조선인들에게 반일 감정을 고조시켰지만 치즈코는 교사 직무에 충실했다. 따라서 많은 학생들에게 존경받았고, 직원들 사이에도 평판이 좋았다.

학교에 근무한 지 3년째 되던 해, 치즈코는 갑자기 건강에 이상이 왔다. 때로는 통증이 심했다. 인내심이 강한 그녀지만 아픔을 참기 힘든 때도 있었다.

"한번 병원에 가보는 게 좋겠구나."

학교 측은 물론 어머니 하루도 권유하여 치즈코는 병원을 찾았다. '자궁 내 종양'이라는 뜻밖의 진단을 받았다. 여성에게는 치명적인 병이다. 좌우 두 개의 난소 중에서 하나를 절제해야 하므로 아이를 가질 수 없기 때문이다.

당시 통념상 아이를 낳지 못하는 여성은 결혼 자격이 없었다. 미혼인 치즈코에게 아이를 낳지 못해 결혼 자격이 없다는 것은 한

낮에 태양이 없어져 버리는 것과도 같은 충격이었다. 그러나 그대로 방치하면 생명에 지장이 있을지도 모르고 때로 통증이 엄습하여 결국 난소를 제거하게 되었다.

수술은 성공적이어서 경과도 순조로웠지만 회복 기간은 의외로 길었다. 거의 반 년간 치료를 받아야 했다. 정명여학교 학생들은 때로 꽃을 들고 치즈코를 방문, 그녀에게 배운 찬송가를 부르며 위로해 주었다.

"다우치 선생님! 빨리 건강을 회복하셔서 학교에 돌아오세요. 우리 모두 기도하고 있겠어요."

하지만 건강은 빨리 회복되지 않았다. 그동안 치즈코는 성경을 통독하면서 열심히 기도했다. 성경 말씀 가운데 "형통한 날에는 기뻐하고 곤고한 날에는 되돌아보아라. 이 두 가지를 하나님이 병행하게 하사 사람이 그 장래 일을 능히 헤아려 알지 못하게 하셨느니라"(전도서 7장 14절)라는 구절이 특히 가슴에 와 닿았다.

치즈코에게 병상 생활은 새로운 봉사를 향해 도약하기 전에 심사숙고하는 기간이며 하나님의 뜻에 순종하기 위한 특별한 시간이었을지도 모른다. 그녀는 기도했다.

"하나님, 저는 아이를 낳지 못하는 여성이 되었습니다. 그래서 결혼할 자격도 없습니다. 지금까지 저는 너무도 자기중심적인 인간이었습니다. 저는 기독교인으로서 실격자일까요? 이 병은 자신만 아는 이기적인 사람에 대한 형벌인가요?

하나님!, 건강이 회복되면 꼭 당신께 기쁨을 드리는 봉사를 하겠습니다. 이제까지 신앙심이 부족했던 것과 제멋대로 지내 온 것을 용서해 주세요."

　수년 전 남편 도쿠치와 사별한 어머니 하루는 '조산부(助産婦) 야스오카 하루'라는 간판을 내걸고 생활을 꾸려 가고 있었다. 하루의 신앙심도 한층 깊어갔다.

　"치즈코! 잠언에는 좋은 말씀이 있단다.

　'너는 범사에 그를 인정하라. 그리하면 네 길을 인도하시리라'(잠언 3장 6절).

　하나님은 반드시 치즈코가 아니면 안 되는 사명을 준비하고 계실 거다. 지난번에도 목사님이 '희망은 하나님이 갖고 계시지만 실망은 악마가 갖고 있다'고 하셨잖니."

　"그렇군요. 어머니!"

　치즈코에게는 감당하기 어려운 일처럼 보이기도 하고, 또 거의 눈에 띄지 않는 작은 일처럼도 생각되었다. 아무튼 그녀는 "하나님! 저에게 목숨을 걸 만큼 보람 있는 일을 주세요"라고 기도했다.

　그해도 지나고 1936년 봄을 맞이했다. 일본인 거리의 사람들은 집집마다 소나무로 월계관처럼 만든 가도마츠(門松)를 문밖에 걸고 새해를 맞이했다.

　그해 1월 15일, 일본은 런던군축회의를 탈퇴했다. 그 결과 무제한 군비 경쟁이 시작되었다. 일본 정계에서는 이대로 나아가면 세계대전으로 치달을 가능성이 크다고 우려하여 군비 확충을 억제하려는 움직임이 있었다. 그러자 같은 해 2월 26일 황도파(皇道派) 청년 장교들이 1천4백 명의 하사관을 이끌고 쿠데타를 일으켰다. 이들은 군비를 삭감하려는 기독교 신자인 다카하시 고레기요(高橋是淸) 대장상, 사이토(斉藤) 대신, 와타나베 조타로(渡辺錠太郎) 교육총감 등을 살해했다. 오카다 게이스케(岡田啓介) 수상은 동생이 인질이 되어 겨우 목숨을 구했다. 이것이 2·26사건으로, 함박눈이 내리는 추운 겨울날 아침의 일이다.

도쿄에는 곧 계엄령이 선포됐다. 반란군은 쿠데타 4일 후인 29일 투항하고 귀순했지만 계엄령은 7월 18일까지 해제되지 않았다.

조선의 신문은 이 사건을 단순히 "수명의 대신들이 죽었다"고만 보도했는데, 자세한 내용은 전혀 알려지지 않았다. 그래서 일본인들은 반대로 불안에 쫓겨 헌병이나 형사의 눈을 살피면서 그들이 들은 소식을 소근소근 이야기했다.

치즈코는 드디어 건강을 회복했다. 오랜만에 다카오 선생 댁을 찾아갔다. 치즈코를 맞은 다카오 선생은 활짝 웃으며 말했다.

"아! 오랜만이구나. 네가 어떻게 지내고 있는지 찾아가 본다면서 잠시 잊었구나. 그런데 아직 안색이 좋지 않은 것 같구나."

"아니에요, 건강합니다. 집에서 계속 있었기 때문이에요. 이렇게 선생님을 찾아뵌 건, 저도 이제는 다시 일을 했으면 해서예요."

"정말 괜찮니?"

"예, 이제 괜찮습니다. 몸을 생각해서라도 일을 해야지요."

"그렇구나, 실은 너에게 한번 이야기하려고 생각한 일이 있단다."

"선생님! 무슨 일인데요?"

"천리 길도 한 걸음부터라는 말이 있지. 옛날 로마제국이 부패와 문란이 극에 달했을 때 기독교는 박해를 받고 많은 교인들이 순교했지. 그러나 기독교인들은 생명의 존엄, 인간의 평등, 일부일처제와 가정의 순결을 지켜서 로마를 이겨 냈단다. 지금 하나님을 모르는 일본 정부는 마치 로마시대 때 모습 그대로구나. 자칭 '신의 나라 일본'이라면서 선민의식에 사로잡혀 폭정만을 일삼고 있지 않니. 이대로 가면 일본은 하나님의 심판을 받게 되지. 그래서 일본인 누군가가 속죄하는 마음으로 조선의 아픔을 알아야 하지 않을까."

"선생님, 그런 일이 있겠습니까?"

"실은 이 목포시에서 고아원을 운영하고 있는 청년이 있어. 그는 전도사고 훌륭한 설교가란다. 목포 해안엔 섬들이 많은데 이곳의 가난한 어민들은 아이를 낳아도 키울 능력이 없어 버리고 있지. 그대로 놔두면 굶어 죽기 십상이야. 여기에 이 청년 전도사가 모든 것을 버리고 이 아이들을 거두어 키우고 있단다. 그 청년의 이름은 윤치호라고 하는데, 목포 사람들은 그를 '거지대장'이라 부르지. 일본이 조선인들의 토지를 강제로 빼앗아 조선인들은 헐벗고 굶주리고 있는 거야. 길거리에 버린 아이들을 누군가가 손을 뻗쳐 구해 주어야 하지 않겠니? 너도 알다시피 조선 총독이 된 미나미 지로 대장은 관공서나 학교에서는 조선어 사용을 금지하고 있단다. 윤치호는 이 고아원에서 학교 교육도 하고 있지. 이런 고아원에서도 일본어 교육이 필요하게 되었단다.

그런데 윤치호 원장으로부터 일본어와 정서 교육을 위하여 음악을 가르치는 교사를 부탁받았단다. 힘든 일이어서 무리하게는 부탁할 수 없지만 어쨌든 한번 이 시설을 보지 않겠니?"

"그렇습니까? 선생님! 실은 저는 병상에서 기도하며 생각하고 있었습니다. 저는 자신이 그리스도인이라고 생각하면서도 지금까지 예수님을 위해서나 이웃을 위해 일한 적이 없습니다. 이번 일도 이런 저에 대한 하나님의 부르심이 아닌가요? 몸이 다 회복되면 하나님과 이웃에 뜻있는 일을 하고 싶다고 기도했습니다. 저를 그곳에 소개해 주시지 않겠습니까?"

"아니다. 내가 지나치게 시설이니 고아원이니 하고 말했구나. 실제로 현장을 보면 깜짝 놀랄 거다."

"아니요. 놀라지 않을 겁니다."

이렇게 해서 두 사람은 공생원 방문 날짜를 정하고 헤어졌다.

3. 윤치호의 사람이 되어

윤치호!

그는 마치 고통받기 위해 태어난 사람 같았다. 그의 생애는 근대 조선 역사의 축소판이라고 생각될 정도니까. 조국을 사랑하고, 고아들을 사랑하고, 그리스도를 사랑하고, 주님이 피 흘려 구원의 길을 열어 주신 영혼의 존귀함을 알고, 부모에게 버림받은 고아들에게 내 모든 것을 바쳐 함께 살아가려고 '공생원'을 세운 것이다. 그러고는 온갖 어려움에도 굴하지 않고 희망의 횃불을 높이 쳐들고 나아가면서 마지막에는 사랑하는 아내와 자식들, 그리고 공생원을 남겨 놓은 채 유성과도 같이 사라졌다. 그는 알려지지 않은 한 시대의 영웅이다.

윤치호는 전남 함평군 대동면 상옥리 옥동 마을에서 아버지 윤영대(尹永大)와 어머니 권채순(權彩順)의 장남으로 태어났다. 아버지는 옥동의 파평 윤씨 종손으로, 상옥리 이장으로 추천받을 만큼 인망이 두터웠으며 마을 주민들에게 존경받고 있었다.

일본에서도 예부터 정치가는 재물을 너무 많이 뿌려 '우물과 담밖에 남은 것이 없다'라는 말이 있지만 윤영대도 이웃을 위해 재물을 의롭게 쓰는 바람에 논밭마저 잃게 돼 가난에 허덕였다. 윤영대는 친척 가운데 윤현숙(尹賢淑)의 신세를 졌는데, 그는 상당한 지주여서 논밭을 빌려 생활을 꾸려 갔다.

그런데 윤현숙이 일확천금을 꿈꾸며 논밭을 담보로 은행에서 거액의 융자를 받아 증권에 투자했다. 이 증권 시세가 갑자기 폭락해 은행 빚을 갚지 못하게 되자 모든 논밭의 소유권이 일본인 시마타 도쿠노스케(島田德之助)에게 넘어갔다.

이전까지는 그냥 빌린 논밭이었으나 이제는 매년 비싼 소작료를 내게 되어 윤영대 가족은 살기가 훨씬 힘들어졌다. 설상가상으로 치호가 열네 살 때 아버지 윤영대가 세상을 떠났다. 그래서 어린 치호는 소년가장이 되어 어머니와 남동생 진선(振善), 그리고 두 여동생의 생계를 짊어지게 되었다.

당시 함평 읍내 보통학교는 옥동에서 8킬로미터가량 떨어져 있었다. 어린 치호는 통학이 힘들어 근처 서당에서 한문을 배우게 되었다. 그러나 학문에 대한 치호의 갈망은 한문만으로는 채워질 수 없었다. 조금 더 자라자 치호는 근처 보통학교에 다니는 학생들을 찾아가 씨름을 가르쳐 주고 그들에게 신식 학문을 배웠다.

사내라면 누구나 씨름으로 강해지고 싶어 한다. 원래 한국의 씨름은 무사들이 투지를 기르기 위하여 칼과 검을 옆에 두고 맨몸으로 힘을 겨루는 것이었다. 힘겨루기가 끝나면 활쏘기가 마지막 순서로, 이 의식을 그대로 일본에 가지고 온 것이 일본의 국기(國技)인 오스모(大相撲, 씨름)다. 따라서 씨름의 본가는 한국인 셈이다. 치호는 운동신경이 발달했고 머리 회전도 빨라 자기보다 두세 살 많고 체중도 더 나가는 학생들을 이길 수 있었다.

그들은 치호를 우러러보았다. 치호는 "너희들이 오늘 배운 것을 가르쳐 주렴" 하고 부탁했다. 이렇게 해서 치호는 읽고 쓰고 계산하는 법을 익혔다. 그러나 치호에게는 가족의 생계를 해결해야 하는 무거운 짐이 있었다. 손재주가 뛰어난 치호는 목침과 토기 등을 만들어 팔러 다녔고, 크고작은 물건들을 메고 무안군 무안읍까지 가서 행상을 했다.

그 무렵 미국 남장로회 선교사가 목포에 머물면서 치호가 사는 옥동 마을에도 출장 전도를 하게 되었다. 치호는 비슷한 또래인 윤태규(尹泰奎), 윤인식(尹仁植. 후에 국회의원을 지냄)을 비롯하여 예닐곱 명과 함께 선교사의 전도를 도왔다.

최초의 집회는 삼현정(三賢亭)이라는 정자에서 열렸다. 그러나 정자는 지붕과 기둥과 의자만 있을 뿐, 벽도 문도 없었다. 겨울에는 매서운 바람이 휘몰아쳐 집회가 어려웠다. 그래서 윤춘하(尹春河)라는 분의 집을 빌려 예배를 보았다. 이 집은 지금도 남아 있는데, 입구 위 벽에는 '옥산 예배당'이라고 쓴 한지가 붙어 있다.

그렇게 해서 2년 남짓 집회를 계속했다. 이때 목포 주재 류베크(한국명 유서백) 선교사가 옥동 마을에 와서 이곳이 전도 장소로 유망한 곳이라며 점찍었다. 그러나 교회당이 없음을 알고 함평군 함평면 동해 부락과 학교면 고창이라는 곳에 있는 교회당을 모두 헐어 자재를 옮겨와 옥동에서 가장 높은 청룡등(靑龍嶝)이라는 곳에 새로 교회를 건축, '옥동 교회당'이라고 이름 붙였다. 치호는 이 교회에 열심으로 다니며 봉사하면서 한편으로는 생계를 위해 윤태민(尹泰民)의 길가 방 한 칸을 빌려 조그마한 잡화점을 열었다. 이 무렵 치호는 '시온의 영광이 빛나는 아침'이라는 찬송곡을 가장 좋아했다.

시온의 영광이 빛나는 아침
어둡던 이땅이 밝아오네
슬픔과 애통이 기쁨이 되니
시온의 영광이 비쳐오네.

시온의 영광이 빛나는 아침
매였던 종들이 돌아오네
오래전 선지자 꿈꾸던 복을
만민이 다같이 누리겠네.

보아라 광야에 화초가 피고
말랐던 시냇물 흘러오네
이산과 저산이 마주쳐 울려
주예수 은총을 찬송하세.

땅들아 바다야 많은 섬들아
찬양을 주님께 드리어라
싸움과 죄악의 참혹한 땅에
찬송이 하늘에 사무치네.

'시온의 영광'은 그리스도가 재림하여 지상에는 '천년왕국'이 찾아오고, 로마에 의해 나라가 패망한 이래 2천 년간 세계를 유랑해 온 이스라엘 민족이 다시 독립한다는 내용이다. 또 이스라엘 민족을 중심으로 온 인류에게 축복이 오기를 기원하는 마음이 담겨 있다. 이스라엘도 이방인도 기쁨으로 미소 짓는다는 것은 학대받고 있는 나라의 해방을 의미하는 '희년'(레위기 25장 11~17절) 예언의 완전 성취를 뜻하는 것이다. 이스라엘 종교는 7년에 한 번씩 오는 안식년이 일곱 번 지나간 다음 해인 50년을 희년이라 하여 이 해가 오면 요벨(Yobel) 나팔을 전국에 울리는데, 노예는 주인에게서 해방되고, 빌린 돈이 있으면 탕감되며, 빚 때문에 빼앗긴 토지는 되돌아온다. 그래서 경제적 약자들은 모두 이날을 기다린다.

이 희년 제도라는 것은 그리스도 재림의 작은 모형인 셈이다. 그리스도가 다시 오면 죄인은 용서받고 사탄은 멸망하고 자유와 평등이 모든 사람에게 주어진다.

국권을 일본에 빼앗기고 혹독한 식민지 정책 아래 신음하는 조선의 그리스도인들이 이 찬송곡에 얼마나 복받쳤는지 상상이 간다. 바벨론으로 끌려간 유대 민족이 해방되어 고향으로 돌아갈 날을 손꼽아 기다리는 심정과도 같을 것이다.

그래서 치호는 집회 때마다 한 시간 전에 교회당에 가서 높은 소리로 '시온의 영광이 빛나는 아침'을 노래하면서 교인들을 맞을 채비를 했다. 이 찬송곡은 일본 관헌들에게 금지곡이 되었다. 그들은 '시온의 영광이 빛나는 아침'이 찬송곡이 아니라 독립운동의 노래로 여겼다.

치호는 사람 모으는 데 천부적인 재능이 있었다. 그의 재능을 보여 주는 좋은 예가 있다. 한번은 사람들이 모이는 곳에서 있는 힘을 다해 큰 소리로 외쳤다.

"여러분! 긴급 사태가 발생했습니다. 자, 모두 모여 제 말을 들어 주세요."

"뭐야? 무슨 일이지?"

이렇게 모인 사람들에게 치호는 말했다.

"사람은 모두 영원히 구원받든지 아니면 영원히 멸망하든지 두 가지 길이 있습니다. 우리 인간은 아무도 내일의 생명을 보장할 수 없습니다. 죽으면 천국이나 지옥으로 보내집니다. 오늘밤, 만의 하나라도 여러분에게 죽음이 온다면 여러분은 영원히 지옥의 불속으로 던져질 것입니다. 하지만 주 예수 그리스도를 믿으면 영원의 생명이 주어지며, 이 세상에서는 상상할 수 없을 만큼 행복한 천국을 맞게 됩니다. 여러분! 이야말로 바로 인생 최대의 긴급 사태가 아니고 무엇이겠습니까."

"뭐야, 예수쟁이잖아."

청중은 비아냥대며 치호의 설교를 방해하기도 했지만 그의 말에 끌려 집회에 오는 사람도 있었다. 그러나 일본 관헌들은 기독교를 일본의 통합을 방해하는 미국의 전략적인 사상이라고 생각했다. 이에 따라 치호를 선전 활동의 앞잡이로 보고 수십 차례나 그를 체포했다. 관헌들은 어떻게 해서든 그에게 "독립운동을 하고 있다"는 자백을 받으려고 유도심문도 하고 고문도 해보았다. 당시 일본 관헌들은 독립운동가를 잡으면 실적이 올라갔다. 그래서 그들은 조금이라도 말과 행동이 수상한 사람은 경찰서에 연행해 가는 게 예사였다.

그러나 치호는 "이런 일에 개죽음 당할 수는 없다"며 그들의 집요한 고문에도 끝내 굴하지 않았다.

그때쯤 미국에서 두 명의 부인 선교사가 옥동 지방에 파견되어 왔다. 마우리 부인과 명(明) 부인이다. 치호는 그녀들의 활동을 열심히 도와주었다. 그래서 두 사람 다 치호를 좋아했는데, 마우리 부인은 치호를 양자로 삼았다. 그녀는 치호의 가정 형편이 어려운 것을 보고 경제적으로 많은 도움을 주었다. 일본 관헌들은 치호가 마우리 부인의 양자가 되자 치호도 '요주의 인물'로 보고 감시했다.

당시 일본은 선민의식으로 기고만장해서 미국이나 영국인들을 '귀축미영(鬼畜美英)'이라고 비하할 때였으므로 치호를 용서할 수 없는 반일 분자로 보았던 것이다.

치호가 사람들을 모으는 재능에 대해서는 앞에서 말했거니와, 입심도 이에 못지않았다. 그는 전도할 때 출애굽 이야기를 자주 인용했다.

"이스라엘 민족이 고통당할 때 하나님은 모세를 불러 이집트

왕 바로를 만나게 합니다. 모세가 바로에게 '우리 민족이 무사히 이 나라를 떠날 수 있게 해달라'고 요구하지만 바로는 이를 거부합니다. 그러자 하나님은 애굽에 열 차례나 각종 재앙을 내립니다. 결국 바로가 굴복하여 이스라엘 민족이 애굽을 떠날 수 있게 허락합니다만 다시 마음이 변해 군사들로 하여금 이스라엘 민족을 뒤쫓도록 명령을 내립니다. 이스라엘 민족이 홍해 근처에 이르렀을 때 애굽 기병들은 전차를 몰고 쫓아옵니다. 이 절체절명의 위기에서 모세가 지팡이를 바다 위로 뻗치자 큰 바람이 일면서 홍해가 둘로 갈라지고, 이스라엘 민족은 서둘러 바다길을 건너갑니다. 애굽 기병들도 뒤쫓아 바다길로 따라 들어서자 둘로 갈라진 바다는 다시 원상태로 돌아와 애굽 기병들은 한 사람도 남김없이 홍해에 수장되었습니다."

치호의 입담이 여기에 이를 때면 사람들은 눈물을 흘리며 박수를 보내곤 했다. 치호는 점점 일본 관헌들의 삼엄한 감시를 받게 되었다.

일본 관헌들은 "일본에는 천조대신(天照大神)이 있는데 왜 외국의 신을 믿느냐"며 걸핏하면 트집을 잡았는데, 그때마다 치호는 "진정한 신은 천지를 만드신 오직 한 분밖에 없다"고 대꾸해 체포된 적도 있었다.

어느 날 마우리 부인이 목포경찰서에 갇혀 있는 치호를 찾아가 식사와 옷가지를 넣어 주면서 "필요한 것이 있으면 말해 보라"고 물었다. 그러자 치호는 피어선 학교에 가고 싶다고 솔직하게 말했다. 마우리 선교사는 쾌히 주선을 약속하면서 높은 경쟁률을 걱정했다.

"너라면 괜찮을 것 같지만 널 위해 기도하겠으니 너도 기도하며 준비해라."

구류에서 풀려난 치호는 마우리 부인에게 교통비와 숙박비 외에 용돈까지 받았다. 그리고 서울에 도착했다. 보통학교(초등학교)도 나오지 못했지만 치호는 두뇌가 명석했고, 어려서 아버지와 서당에서 한문을 배우기도 했다. 진학을 갈망하며 열심히 독학한 끝에 결국 수십 대 1의 경쟁률을 뚫고 합격했다.

그는 재학 중에도 방과 후에는 학우들을 인도하여 길에서 전도했으며, 방학 때는 같은 반 친구들을 데리고 목포에 와 전도에 힘썼다.

어느 날 치호는 목사님이 없는 청호리교회에서 설교했다. 그러자 교회 신도들이 그의 신앙과 열변에 빠져들어 "꼭 우리 교회 목사님이 되어 달라"고 부탁했다.

피어선 신학교를 졸업한 치호는 전도사 자격을 얻고 정식으로 청호리교회에 부임했다. 그는 함께 피어선 신학교를 졸업한 문규현을 자기 막내 여동생과 결혼시켜 청호리교회를 맡기고 자신은 전도의 폭을 넓혀 갔다. 그는 부흥사로서 소질이 있어 교회 한 곳에 묶어 두기에는 자질이 아까웠다.

마우리 부인이 선교사로서 7년간의 제1기 봉사 기간을 마치고 미국으로 돌아가게 되었다. 마우리 선교사는 치호의 장래에 큰 기대를 걸고 지금까지 잘 배려해 주었다. 치호는 "어머니! 어머니!" 하며 따랐지만 마침내 헤어져야 하는 날이 왔다.

마우리 부인은 "너와 평생을 같이하고 싶었는데……. 다시 이 나라에 오게 된다면 그때도 함께 일하자구나. 하지만 이별은 슬프구나"라며 울었다.

치호는 "어머니, 꼭 돌아와 주세요"라며 붙든 손을 놓지 않았다. 마우리 부인은 "하나님이 그렇게 해주시기를 기도하겠다"는 말을 남기고 헤어졌다. 하지만 마우리 선교사는 다시 한국에 돌아오지 않았다. 그녀는 하나님이 치호를 크게 쓰기 위하여 보낸 천사였을까.

마우리 부인이 미국으로 돌아가자 치호는 곧 목수의 조수가 되었다. 가난한 한국의 농촌 신도들에게는 헌금을 기대할 수 없어 목수 일로 생활비와 전도비를 벌어야 했기 때문이다.

치호가 목수가 된 것은 예수도 청소년 시절 목수 생활을 했던 것과 무관하지 않았던 듯하다. 그의 목수 생활은 훗날 공생원을 경영하며 혼자 힘으로 아이들의 집이나 강당 등을 짓는 데 큰 힘이 되었던 것이다. 역시 하나님의 지혜는 깊고도 깊었다.

4. 목포 공생원 설립

윤치호가 공생원을 시작한 것은 당시 기록에는 1928년 10월 15일로 되어 있다. 그러나 1930년 발행한 〈목포부사(木浦府史)〉에는 1927년 11월 1일로 명시되어 있다. 어느 쪽이 사실인지는 확인할 길이 없다. 치호는 청중을 매료시키는 웅변가였다. 그가 전도사로 일관했다면 한국의 유명한 설교자가 되었을 것이다.

치호는 자신의 설교를 통해 많은 사람들이 구원받는 모습에 기쁨도 컸을 것이다. 그러나 예수에 대한 뜨거운 사랑과 동포를 원죄에서 구하겠다는 사명감 때문이었을까? 하나님은 그를 생각지도 않은 방향으로 인도하신 것이다. 확실히 성경 말씀 그대로였다.

'사람의 마음에는 많은 계획이 있어도 오직 여호와의 뜻만이 완전히 서리라'(잠언 19장 21절).

당시 백인들은 많은 유색인종을 정복하고 그들 나라를 식민지화하여 착취를 일삼았다. 일본은 이를 흉내내어 같은 아시아인이면서 자국 문화의 수준을 높여 준 이웃 나라를 정복하여 폭정을 일삼으면서 만주 침략을 꾀하고 있었다.

  치호가 고아원을 열게 된 배경에는 일본과 깊은 인연이 있다. 앞서 이야기했지만 조선 농민들은 조선총독부가 명한 토지 소유 신고를 하지 않았다 하여 물려받은 전답을 '소유자 없음'이란 명목으로 빼앗겼다. 졸지에 생활이 어려워진 농부들은 조국을 버리고 만주나 중국, 일본, 심지어 하와이, 멕시코 등으로 이주해 갔다.

  한편 북녘에 살던 사람들은 따뜻한 남쪽으로 모여들었다. 목포에 와보았지만 마땅한 일자리가 있을 수 없었다. 현실에 적응하지 못한 사람들은 거지가 되었다. 거지까지 되지는 않은 사람들은 목포 해안의 무인도로 건너가 집을 짓고 살았다. 그곳에도 전답이라곤 없었다. 그들은 생선을 잡아서 쌀이나 소금으로 바꾸었다. 하지만 가난 때문에 아이들을 낳아도 키울 수가 없어 목포의 거리에 버리곤 했다. 조금 자라면 구걸하거나 도둑질이라도 하여 살아가긴 하겠지만 많은 아이들이 죽어 갔다. 이 버려진 아이들을 본 시민들은 한편으로 동정은 했지만 우선 먹고살기가 벅찼으므로 다른 사람이 버린 아이들까지 손을 뻗칠 수가 없었다. 불쌍한 아이들⋯⋯ 그들은 일제의 희생이 되어 살아갈 권리마저 잃고 다리 밑이나 인적이 없는 곳에서 조용히 죽어간 것이다. 그나마 이들 시체들을 들개들이 물어뜯지나 않으면 다행이었다.

  치호는 또 며칠을 경찰서 유치장에서 보내고 나왔다. 일본 관헌들은 치호가 "진실한 하나님은 오직 한 분"이라고 했다 하여 그것을 반일운동으로 몰아붙였다. 하지만 치호는 그리스도인인 동시에 열렬한 애국자였기에 그의 반골 정신은 격한 설교로 발전해 갔다. 유치장에 들어갔다가 풀려나오면 다시 설교를 하고 그러다 잡혀가기를 광복을 맞이할 때까지 마흔여덟 번이나 반복했다.

목포에서 개척 전도를 시작한 당시 치호에겐 교회당이 없었다. 어느 가을 저녁, 그가 전도를 마치고 집으로 급히 돌아가던 길에 불정대라는 작은 다리를 건너게 되었다. 이 다리 밑 개울은 평소에는 말라 있지만 유달산이 바위산이어서 비가 오면 물이 금세 불어 다리를 만든 것이다. 치호는 이 다리 밑에서 연기가 모락모락 피어오르는 것을 보았다.

"뭘까……"

다리 밑을 보니, 어린이 여럿이 불을 피우고 있지 않은가, 치호는 바로 다리 밑으로 내려가 물었다.

"너희들 무얼 하고 있니?"

모닥불 가에는 5, 6세에서 10세 안팎의 어린이 일곱 명이 쌀쌀한 가을 날씨에도 얇은 옷을 입은 채 떨고 있었다. 다들 마르고 혈색도 나빴다.

"아저씨, 추워요."

"너희들 모두 아저씨를 따라오너라."

치호는 이렇게 말하고 오던 길을 돌아갔다. 문득 예수님이 하신 말씀이 떠올랐다.

'내가 주릴 때에 너희가 먹을 것을 주었고 목마를 때에 마시게 하였고 나그네 되었을 때에 영접하였고 헐벗었을 때에 옷을 입혔고…… 여기 내 형제 중에 지극히 작은 자 하나에게 한 것이 곧 내게 한 것이니라'(마태복음 25장 35-40절).

치호는 자신이 고아원 원장이 되리라고는 생각하지 않았다. 그렇지만 이 불쌍한 고아들을 그대로 두고 볼 수는 없었다.

여행에 나선 선한 사마리아인이 강도를 만나 빈사 상태에 빠진 사람을 불쌍히 여겨 돌보아 준 것처럼, '가서 너도 이와 같이 하라'(누가복음 10장 30-37절)라는 말씀이 들려왔다.

치호는 우선 이 고아들을 데리고 옷가게로 들어갔다. 그리고 여주인에게 "이 아이들 모두에게 맞는 옷을 입혀 주세요"라고 부탁했다. 아이들은 갑자기 부드러운 속옷부터 겉옷까지 입고 몸이 따뜻해지자 어느새 환하게 웃고 있었다.

"모두 입었니? 그럼 아주머니께 감사하다고 말씀드려라."

"아주머니, 감사합니다."

치호는 아이들의 인사가 끝나자 "아주머니, 저는 기독교 전도사 윤치호라고 합니다. 경찰에게 잡혀서 며칠을 유치장에서 지내다 나온 몸입니다. 아이들이 추위에 떨면서 불을 피우고 있기에 데려왔습니다. 옷값은 반드시 지불하겠습니다. 2, 3일만 기다려 주십시오"라고 사정했다.

여주인은 "예, 괜찮습니다. 열심히 하십시오" 하고 격려해 주었다. 당시 사람들은 기독교 목사나 전도사를 깊이 신뢰했다. 하지만 그보다도 치호가 "일본 경찰에게 잡혀서……"라고 한 말에 동정하기도 했을 것이다.

치호는 옷가게를 나와 식당으로 아이들을 데리고 들어갔다.
"주인 아저씨! 이 아이들에게 맛있는 것 좀 주십시오. 너희들 배부르게 먹어도 좋다. 그렇지만 배탈이 나면 안 된다"라고 하자 모두가 "예" 하고 대답했다.

아이들은 오로지 배고픔을 면하기 위해 여기서 훔치고 저기서 훔쳐, 들키면 맞고 쫓기는 사이에 서로 친구가 되어 어느새 작은 집단을 이루었다. 이런 아이들이 처음으로 식당의 손님이 되어 당당하게 가슴을 펴고 배불리 먹을 수 있게 된 것이다.

하지만 아이들은 조심스러웠다. 한 그릇씩 눈 깜짝할 사이에 비우고는 "아저씨, 더 먹어도 되나요?"라고 물었다.

"그렇게 해라."

먹자, 또 먹자. 내일의 보장이 없는 아이들은 우선 먹고 보자는 식이었다.

아이들이 모두 배를 채우자 치호는 주인 아저씨에게 다가갔다.

"아저씨, 저는 윤치호라는 전도사입니다. 지금 음식 값이 없는데 2, 3일만 기다려 주십시오. 꼭 가지고 오겠습니다."

그러자 식당 주인은 "당신의 노방전도를 들었습니다. 이스라엘 민족이 애굽 군대에게 쫓기어 바다를 건너간 대목은 감동적이었습니다. 고생하시는군요. 돈은 언제라도 좋으니……" 하고 쾌히 승낙하면서 격려까지 해주었다.

식당을 나선 치호는 아이들이 갈 곳이 없음을 알았지만 일단 물어보았다.

"너희들 잘 곳은 어디니?"

"아저씨! 저희는 집이 없어요."

치호는 아이들이 이 추운 밤을 다리 밑에서 자야 한다는 걸 생각하니 불쌍해서 그대로 지나칠 수가 없었다.

"오늘밤은 모두 아저씨 집으로 가자."

"와!"

아이들은 모두 신나는 표정이었다.

그날 밤 치호는 뜬눈으로 밤을 지새웠다. 작은 방에서 아이들은 말린 정어리처럼 나란히 자고 있었다. 부모에게 버림받은 후 실로 얼마 만에 지붕 밑에서 잠을 자는 걸까. 아직 독신인 치호에게는 한 벌의 침구밖에 없었지만, 지금까지 다리 밑에서 얇은 옷을 입고 잔 아이들에게는 작다 해도 몇십 일 만에 지붕 있는 집에서, 그것도 이불을 덮고 자는 것이다. 자고 있는 얼굴을 하나하나 살펴보니 마냥 행복한 표정이었다.

하지만 치호의 사명은 그리스도의 복음을 전하는 일이었다. 이 아이들을 데리고는 전도를 할 수 없었다.

"너는 전도를 포기할 생각이냐?"라는 소리가 들렸다. 그럴 수는 없다고 대답하자, "그럼, 아이들을 보고도 버릴 생각이냐?"라고 되물어 왔다.

"주여! 이 종은 당신 말씀에 따르겠습니다. 그 길을 가르쳐 주십시오."

밤을 꼬박 새며 기도하다 그는 아침을 맞이했다. 그때는 치호의 결심이 이미 정해져 있었다. 이 아이들을 위해 일해야지, 만약 이대로 아이들을 버린다면 겨울을 지내지 못하고 죽을 것이다. 사람의 생명은 무엇보다 소중하다. 예수가 십자가에서 흘리신 피는 아이들을 위해 흘린 것이다.

아이들과 만나게 된 것도 하나님의 인도임이 분명했다. 치호는 머릿속이 맑아지면서 마음도 가벼워졌다.

치호는 전에도 도로에 웅크리고 있는 거지 노인을 발견하고는 그를 업고 자기 집에 데려와서 간호한 적이 있다. 하지만 애쓴 보람도 없이 그 노인은 세상을 떠났다. 치호는 신원도 밝히지 않은 이 노인을 위해 장례를 치러 주고 묘에는 '윤치호 부친의 묘'라는 비석까지 만들어 세웠다.

치호는 일곱 명의 고아들과 함께 지내기 시작했다. 그러자 이 소식을 듣고 고아들이 몰려들기 시작했다. 공간이 비좁아지자 가건물을 만들고 텐트를 쳤다. 무엇보다 비바람을 피하는 일이 문제였다. 그다음 문제는 아이들을 먹이는 일이었다. 그래서 엿을 만들어 아이들에게 팔게 했다. 또 가정에서 버리는 폐지를 모아 그것으로 봉투를 만들었다.

당시 미국 대통령 루즈벨트는 "20세기는 아동 복지의 세기"임을 선언하고 아동들을 위한 복지 사업을 대대적으로 펼치고 있었다. 조선에서는 3·1 독립만세운동이 일어난 지 거의 10년이 지났다. 그 사이 1926년 6월 10일에는 순종황제가 세상을 떠났다. 순종의 장례식을 계기로 민중의 봉기 움직임이 있었으나 사전에 발각되어 무산됐다. 그 후에도 여기저기서 산발적으로 독립운동이 일어났지만 일제에게 모두 진압당했다. 참으로 불운한 시기였다.

한편 조선총독부는 본국에서 형식적으로 '구호법'이라는 것을 제정하자 이를 흉내내어 '조선총독부 원호회'라는 것을 법제화하고 '노동법'과 '소년법'을 만들었다. 그러나 이는 독립운동의 의지를 꺾으려는 수단이고, 진정한 의미에서 사회복지에까지 손길을 펴겠다는 것은 아니었다.

옛날 고려시대에는 전쟁이나 내란이 잦아 고아들이 생겨나면 절에서 맡아 키우도록 했다. 이들은 사역승(使役僧)이 되어 일도 했다. 사서(史書)를 보면 성종 13년(994)에는 '10세 이하의 고아들에게는 관곡(官穀)을 지불한다'는 기록이 있다. 고아들은 나이가 차면 노비가 되었다.

조선 현종 2년(1661)에는 '버려진 아이를 10세까지 기르면 노비로 써도 좋다'라는 기록이 있다. 또 정조 7년(1783)에는 빈민 구제를 위해 공포된 〈자휼전칙(字恤典則)〉에 '고아는 관가나 민가에서 키운다'라고 했다. 그러나 이는 법문뿐, 거의 실행되지 않았다.

치호는 아이들에게 엿이나 종이봉투를 팔게 했지만 그것으로는 식비를 조달할 수 없었다. 그래서 가정에서 먹다 남은 밥까지도 얻으러 다녔다. '거지대장'이라는 별명이 붙은 것도 이 때문이다.

사는 곳도 옮겨졌다. 고아들이 떠돌이 생활을 하면서 배운 도둑질이나 나쁜 습관 때문에 이웃 주민들과 문제가 생긴 것이다. 아이들이 안주할 곳으로 목포에서 약 10킬로미터 떨어진 무안군 삼향면의 비어 있는 집을 한 채 사서 이주했다. 하지만 엿과 종이봉투를 팔기에는 너무 멀었다. 이 무렵 그리스도인인 권영래라는 분이 영암군 삼호면 용당리의 토지 2천 평을 기증해 농작물을 길러 보았지만 너무나 마른땅이어서 수확이 적어 실패로 끝났다. 그래도 치호는 실망하지 않았다. "역시 시설은 목포 시내에 있어야 한다"라고 판단하고는 당시 목포의 유지였던 차남석(車南錫) 씨를 찾아가 부탁했다. 차남석 씨는 치호의 사람됨에 감동받아 자신의 땅 2천 평을 주겠다고 약속했다. 치호는 감격했다. 이 약속은 차 씨 집안의 완고한 반대에 눈물을 머금고 없었던 일로 해야 했다.

하지만 좌절할 수 없었다. 다음에 찾아간 사람이 정병조(鄭昞朝) 씨였다. 정병조 씨는 치호의 어려움을 알고 영산강 하구 매립지 2천 평을 기증했다. 그래서 삼향면의 집을 팔고 용당으로 옮겼다. 치호는 고아들과 함께 시설을 새로 짓고 있었는데, 완공을 눈앞에 두고 건물이 모두 태풍으로 무너지고 날아갔다.

치호는 시설을 다시 짓기 위해 목포교도소를 찾아갔다. 교도소에서는 죄수들의 사회 복귀를 돕기 위한 갱생사업의 하나로 목공예 기술을 가르치고 있었는데, 목재가 엄청나게 많았다. 치호는 교도소장에게 목재를 조금만 달라고 부탁했다.

소장은 목재는 국유재산이므로 함부로 줄 수 없다며 거절했다. 치호는 기증이 어려우면 사는 것으로 하되 대금은 나중에 지불하겠다고 약속했다. 대신 소장은 그 돈으로 나중에 목재를 사면 피장파장이 아니냐며 설득했다. 이렇게 해서 어렵사리 목재를 얻어다 시설을 지었다.

치호의 시설에 대한 소문이 퍼져 나가자 목포의 한 병원인 반도병원 원장 부인이 기와를 기증했다.

치호는 학교에 다니지 못하는 아이들을 위해 시설 안에 '목포용당학원'이라는 간판을 달고 원생들뿐만 아니라 근처 아이들까지 공민학교 교육을 받을 수 있게 했다. 용당학원에는 어른들도 와서 공부했다.

이렇게 해서 치호는 사회사업에 본격적으로 나섰다. 아이들을 위해서라면 어떤 일도 주저하지 않았다. 거리에서 고아들을 보면 자전거에 태워 데려왔다.

치호의 고아원은 어느 정도 모양새를 갖추어 갔다. 그는 누가 시키지 않아도 궂은일을 마다하지 않았으며, 관공서를 찾아다니며 청소도 했다. 특히 세무서에 신경을 썼는데, 세무서는 아무래도 현금을 많이 만지는 곳이어서 그러했다.

그는 아침 일찍부터 나와 아이들과 세무서 안팎을 깨끗이 청소했는데, 서장이 출근하면 아이들을 군대식으로 정렬해서 "세무서장님께 경례!"하고 인사를 시켰다. 아침부터 기분이 좋아진 서장은 용돈도 가끔씩 쥐여 주었다.

당시 목포경찰서에서는 신안군 압해면 구도(龜島)라는 조그마한 섬에 재생원(再生園)이라는 고아원을 운영하고 있었는데, 제대로 손길이 미치지 못해 말썽이 끊이지 않았다. 목포경찰서는 치호가 고아원 운영을 열심히 하고 있으며 인품도 괜찮은 것으로 판단되자 재생원을 함께 운영토록 했다.

치호는 재생원을 맡으면서 한층 바빠졌지만 밤낮없이 뛰며 이곳을 반석 위에 올려놓았다. 그러자 목포경찰서는 재생원을 경찰에서 정년퇴직한 사람에게 넘기기로 하고 운영권을 반납토록 했다. 치호는 웃으며 돌려주었다.

5. 일본어와 음악 선생이 되어

1936년, 조선 총독이 육군대장 우가키 가즈나리(宇垣一成)에서 미나미 지로(南次郎)로 바뀌었다. 미나미 총독은 식민정책을 이전보다 더욱 고압적으로 바꾸었다.

일본은 이미 5년 전에 중국의 만주(동북 5개 성)를 빼앗고, 청나라 마지막 황제 부의를 앞세워 괴뢰정부를 세웠다. 다음 목표로 화북지방의 5개 성을 강탈하려고 혈안이 되어 있었다.

중국은 일본과 싸우면 진다는 사실을 두려워한 나머지 큰 희생을 치르고 국토를 잃는 것보다 차라리 화북 지방 5개 성을 일본에 2억 엔(지금의 수조 엔 규모)에 팔아 그 돈으로 국력의 내실을 기하겠다는 방침 아래 그해 1월 일본에 밀사를 보냈다.

그 밀사는 준텐도(順天堂)의 쓰무라(津村) 사장을 중개인으로 조용히 교섭했다. 그러나 당시 일본의 정·재계 인사들은 군부의 반발을 우려하여 아무도 교섭에 응하려 하지 않았다.

이 밀사는 돌아가는 길에 조선 총독 우가키 대장을 찾아가 고충을 이야기했다. 전쟁의 위험을 잘 알고 있는 우가키 대장은 곧 귀국하여 국가의 원로 사이온지(西園寺) 공작을 찾아갔다. 우가키는 "5억 엔의 국채를 발행하여 2억을 중국에 보내고 군부와 정계에 1억씩 분배해 납득을 시키고 남은 1억은 사들인 중국 5개 성을 개발하자"고 건의했다.

우가키의 건의를 받은 사이온지 공작도 "5억 엔의 국채로 전쟁을 하지 않아도 된다면, 그것이 좋은 게 아닌가"라는 생각에 천황에게 우가키 대장을 수상으로 임명해 줄 것을 건의했다. 우가키 대장이 수상으로 취임했다.

이 소식을 듣고 아라키(荒木), 마자키(眞崎) 대장을 비롯한 젊은 장교들이 들고 일어섰다.

"주먹 한 방에 5개 성이 거저 들어오는데 5억 엔의 거금을 내는 바보가 어디 있어. 그래서 정치가들은 바보야. 우가키는 더 이상 우가키가 아니야. 우둔한 놈이야. 내각 군부대신(장관)에 군인들을 보내지 마라!"

당시 관례대로라면 육군대신과 해군대신은 현역에서 임명하도록 되어 있었으나 군부의 협력 없이는 군부대신을 임명할 수 없었다. 우가키 대장은 결국 눈물을 삼키고 수상을 사퇴할 수밖에 없었다.

일본은 국채 5억 엔을 아까워하는 맹목적인 군부 때문에 중일전쟁을 일으키게 되었다. 결국 세계대전으로까지 확대돼 전쟁 말기에는 매일 15억 엔씩을 전비(戰費)로 썼으며, 수백만 명의 국민을 죽이고 국토를 불태우고 아시아 여러 나라에 큰 피해를 끼치는 우(愚)를 범했다.

　우가키 대장의 뒤를 이어 조선 총독이 된 미나미 지로는 '내선일체, 일만일여(內鮮一體, 日滿一如)'를 정책으로 내걸었다. '조선도 일본국이기 때문에 일본과 조선은 물론 만주와 일본도 한 몸이다'라는 것이다.

　미나미 총독은 아시아 전체를 일본화하는 모델로 먼저 조선을 동화시키려 했다. 그는 5천 년 유구한 역사가 있는 조선을 '황민화(皇民化) 운동'이라는 구실로 완전히 일본화하려는 무모한 짓을 시작했다.

　이를 위해 그는 우선 창씨개명을 강행했다. 조선인의 성명을 일본식으로 바꾸는 것이었다. 한국인의 성명은 거의 성이 한 자리, 이름이 두 자리로 모두 세 자리다. 예를 들면 김, 이, 박, 윤씨의 경우 머리에 있는 문자는 그의 가계를, 즉 선조가 누구인지를 표시한다. 이름이 치호(致浩)라면 치(致)는 친척 관계를, 호(浩)는 개인을 나타낸다.

　다시 말해 성(姓)은 종(縱)의 관계, 이름의 처음은 횡(橫)의 관계, 이름의 마지막은 개인 자신을 나타내 실로 합리적이다. 이것을 일본식으로 창씨개명하겠다는 것은 무지가 빚어낸 비극이다.

　미나미의 두 번째 정책은 조선어 사용 금지였다. 권총과 칼을 찬 헌병들이 조선인들을 강제로 모아 놓고 일본어를 가르쳤다.

　학교와 관청에서는 잠시라도 조선어를 사용하면 따귀가 날아왔다. 초등학교 학생들은 더 딱했다. 일요일에는 집에서 조선어로 말을 하다가 월요일에 학교에서 자신도 모르게 조선어를 사용해서 선생님에게 따귀를 맞는 일도 비일비재했다.

세 번째 정책은 '황국신민(皇國臣民)의 선서'를 강요한 것이다. 먼저 행사장에 일본 국기를 달고 천황이 사는 궁성 방향으로 꼿꼿한 자세로 경례를 하고 이어서 일본 국가 '기미가요'를 부르게 했다. 그리고 황국신민의 선서를 사회자가 선창하면 일동이 따라하게 한 것이다. 내용은 다음과 같다.

1. 우리는 대일본제국의 신민이다.
2. 우리는 마음을 모아 천황폐하께 충성을 다한다.
3. 우리는 참고 견디어 훌륭하고 강한 국민이 되겠다.

또는

1. 우리는 황국신민으로 충성을 다하여 일본에 보답한다.
2. 우리 황국신민은 서로 믿고 사랑하고 협력하여 굳게 단결한다.
3. 우리 황국신민은 참고 견디며 천황을 받든다.

네 번째 정책은 신사참배 강요였다. 조선에는 일본이 만든 신사가 여전히 남아 있다. 미나미 총독은 조선의 모든 시, 읍, 면에 신사를 만들고 매월 1일, 11일, 21일 등 3회에 걸쳐 신사참배를 시켰다. 더욱이 각 가정은 물론 교회에 이르기까지 이세(伊勢) 황태신궁(皇太神宮)의 대마(大麻, 신의 상징물)를 안치하도록 명한 것이다.

일본 제국 헌법 제28조에는 '사회 질서를 어지럽히지 않는 한 신앙의 자유를 가진다'라고 규정돼 있다. 그런데 조선총독부는 스스로 헌법을 유린한 것이다.

하나님은 모세에게 준 10계명을 통해 "너는 나 외에는 다른 신들을 네게 두지 말라. 너를 위하여 새긴 우상을 만들지 말고 또 위로 하늘에 있는 것이나 아래로 땅에 있는 것이나 땅 아래 물속에 있는 것의 어떤 형상도 만들지 말며, 그것들에게 절하지 말며 그것들을 섬기지 말라"(출애굽기 20장 3-5절)라고 말씀하셨다.

10계명은 기독교인이 지켜야 하는 생명선이다. 이에 목사나 신도들은 참배를 거부하여 수천 명이 체포, 투옥되고 50명이 순교했다. 서울 교외에는 한국전쟁 전몰자 묘지 옆에 50인의 순교자 묘표가 세워져 있다. 또 전국의 학교에 신사참배를 강요하고 이를 거부한 평양 신학교를 비롯하여 많은 미션스쿨을 폐교했다.

이러한 민족적 비극 속에서 40명의 고아를 데리고 있던 치호는 악전고투가 계속되었다. 겨우 고아들이 지낼 곳이 생겼다고 생각했더니 또 도둑질이며 나쁜 습관이 몸에 배어 이웃과 잦은 분쟁을 일으켜 견디기가 힘들었다. 일반인이 아이들에게 편견과 차별이 있어 반감도 많았다. 고아들을 따뜻하게 대해 주는 곳은 어디에도 없었다.

치호는 할 수 없이 주위에 인가라고는 없는 유달산 근처로 이사하기로 했다. 그곳은 바위와 돌만 굴러다니는 곳으로 밭도 없었다. 더구나 집을 지을 만한 곳도 못되었다. 그러나 치호는 돌산에 도전하여 손에 물집이 생길 정도로 매일같이 돌을 잘게 부수고 흙을 옮기고 땀을 흘리며 터전을 일구었다. 마침내 공생원을 옮겼다. 이것이 지금의 장소다.

공생원을 이전하는 데는 여러 가지 어려움이 많았다. 땅을 고르게 다듬는 데도 오랜 시간이 걸렸다. 그동안 원생들을 돌보아 줄 보모가 필요했다. 치호는 목포고녀의 다카오 선생에게 상담을 했다. 다카오 선생은 자기 제자 중에서 두 명을 소개해 주었다. 목포 재판소 쓰다(津田) 판사의 딸 센리(千里) 양과 이름을 알 수 없는 소녀로, 모두 그리스도인이었다. 그녀들은 열심히 봉사했지만 결혼 때문에 모두 공생원을 떠났다.

다카오 선생이 치호에게 소개한 세 번째 여성이 바로 치즈코다. 어느 일요일 오후, 치즈코는 다카오 선생과 공생원을 방문했다.

공생원은 유달산 산록에 있는데 30평 정도의 건물과 작은 창고 같은 건물이 있었다. 입구 오른쪽에는 '목포공생원'이라는 간판이, 왼쪽에는 '목포용당학원'이라는 간판이 걸려 있었다.

다카오가 삐걱거리는 소리가 나는 문을 열면서 "윤치호 군, 있나?"라고 불렀지만 대답이 없었다. 건물 내부에는 마루의 마루장도 없었고 토방 위에는 쌀가마를 펼쳐 깔아 놓았다. 한쪽 구석에는 땅을 파서 만든 아궁이가 있고, 그 위에 큰 냄비가 놓여 있었다.

"약속 시간을 알고 있을 텐데, 윤 원장은 어디 있는지."

다카오는 이렇게 말하며 나갔다.

치즈코가 혼자 이곳저곳을 돌아보고 있을 즈음 뒤쪽에서 갑자기 떠들썩하는 아이들의 목소리가 들렸다. 돌아보니 몸집이 작은 청년 한 사람이 자전거 뒤에 무거운 짐을 싣고 입구 쪽으로 오고 있었다. 아이들이 자전거를 둘러싸고 "이건 뭐예요?" 하며 만져도 보고 묻고 있었다.

청년은 건장한 목소리로 "쌀이다. 오늘 밤엔 하얀 쌀밥을 먹을 수 있단다"라고 말했다. 아이들은 환성을 질렀다.

"와아! 배불리 먹을 수 있죠?"

"그러나 배탈이 나면 안 된다."

문득 청년은 치즈코를 발견하고 다가왔다.

"다우치 치즈코 씨입니까?"

치즈코는 정중하게 인사를 하고 "네, 제가 다우치 치즈코입니다"라고 대답했다.

"저는 윤치호입니다. 다카오 선생님과 함께 오지 않으셨습니까?"

윤치호의 일본어는 정확했다. 헌 양복에 해진 구두를 신고 있지만 반듯한 얼굴에 유난히 빛나는 눈빛은 오랫동안 머릿속에서 사라지지 않았다.

"예, 함께 왔습니다만, 원장 선생님이 보이지 않아 밖에 찾으러 나가셨습니다."

이런저런 이야기를 나누고 있을 때 다카오 선생이 돌아왔다.

"자네, 어딜 갔다 왔나?"

"죄송합니다. 차남석 선생이 쌀을 주신다고 해서 받아 왔습니다."

"그것 참 잘 됐네. 그런데 윤 원장, 이 아가씨가 전에 말한 다우치 치즈코 양이네."

치호는 조금 부끄러워하면서 "지금 인사를 나누고 있는 중"이라고 말했다.

다카오 선생은 "아니, 벌써"라며 웃었다.

"자, 들어오세요."

치호는 안으로 들어가서 물을 끓이기 시작했다. 이곳은 녹차가 없었다. 물이 끓자, 끓은 물을 컵에 부어 내놓았다.

치호는 치즈코에게 거지들을 만나서 고아원을 시작하게 된 동기와 지금까지 겪은 어려움을 담담하게 이야기했다. 성경이 가르쳐 주는 생명의 존엄성과 어린이에 대한 예수의 가치관, 더욱이 성경에서 '하나님은 고아의 아버지'(시편 68편 5절)라고 가르치는 대목에서는 목소리를 높였다. 특히 고아원은 하나님의 사업을 대신 하는 것이라는 점과, 이런 고아들에게 하나님 아버지의 존재를 알리고, 하나님의 영광을 알리며 한 인간으로 키우겠다는 공생원의 비전을 열심히 설명했다.

"저렇게 숭고한······."

치즈코는 치호의 신앙과 이상에 감화되었다. 이런 사람 밑에서라면 평생을 일해도 괜찮겠다는 생각이 들었다.

"다우치 양! 어떻게 할 것인지?"

다카오 선생이 물었다. 그녀는 망설이지 않고 "예, 내일부터 일하겠습니다"라고 대답했다.

지금까지 휴직한 정명여학교에는 바로 사직서를 내기로 했다. 공생원에서 바라본 바다는 이날따라 잔잔한 쪽빛이었으며, 휘파람새 소리가 유난히 마음을 들뜨게 했다.

1936년 5월, 일본은 2·26사건으로 선포된 계엄령이 아직 해제되지 않은 불안하고 험악한 시대였다.

사랑에는
국경이 없다

완전한 사랑 하나님의 사랑
다함이 없는 사랑에 겨워
둘 한 몸 되어 보람 있게 살라
손 모아 주님 앞에 빕니다. (새찬송가 604장)

6. 사랑에는 국경이 없다

　이튿날 아침, 치즈코는 정명여학교에 사직서를 보냈다. 그리고 시장에 가서 치약과 타월, 비누 등을 40개씩 산 후 큰 봉투에 넣어 공생원으로 향했다.
　치즈코가 공생원에 와서 맨 처음 한 일은 고아들에게 위생정신을 심어 주는 일이었다. 세수와 양치질, 손 씻는 습관부터 가르쳐야 했다. 머리카락이 긴 아이들을 위해서는 가위를 사서 이발을 시켜야 했다.
　그러나 무엇보다 중요한 것은 아이들이 모두 애정 결핍증에 걸려 있는 점이었다. 부모에게 버림받은 아이들에게는 부모를 대신할 사람이 필요했다. 아이들은 치호를 아버지처럼 여기고 다가갔다. 반면 어머니는 없었다. 이곳에 치즈코가 나타나자 아이들은 어머니를 느낀 것이다. 이것만으로도 치즈코에게는 보람 있는 일이었다.

아이들이 많다 보니 그중에는 다가오지 않는 아이도 있고 반항적인 아이도 있어 그녀를 곤란하게 했다. 이곳은 고아 수용소만은 아니다. '목포용당학원'이라는 간판이 말해 주듯이 학교 구실도 하고 있어 인근 동네의 머리 큰 아이들도 이곳에 와 원생들과 함께 교육을 받았다.

석양이 스러지고 날이 저물면
산속의 절에서는 종소리가 울리네
우리 모두 손을 잡고 돌아들 가자……

치즈코는 분필로 칠판에 큼지막하게 글을 쓰고는 가는 막대기로 한 자씩 가리키며 따라 읽게 했다. 치즈코는 노랫말 가사를 먼저 가르쳤다. 음악과 함께 가르치면 이것이 바로 정서 교육이었기 때문이다.

그중 한 아이가 여느 때처럼 전혀 따라하지 않고 앞에 앉은 여자 아이의 머리카락을 잡아당기고, 손가락으로 머리를 찌르고 있었다.

눈에 거슬린 치즈코가 "하야시 군! 너 뭐하고 있지?"라며 주의를 주어도 장난은 멈추지 않았다.

"하야시 군!"

치즈코가 목소리를 높여 부르자 이 아이가 반대로 치즈코를 향해 눈을 부릅떴다.

"내 성은 하야시가 아니고 최 씨입니다."

치즈코는 소리를 낮추어 말했다.

"그래, 너는 지금까지는 최희덕(崔熙德. 가명)이었다. 그러나 지난번에 원장님께서도 말씀하시지 않았니? 앞으로는 하야시라고."

"그래도 나는 최 씨입니다."

"자, 너는 앞으로 적응할 때까지 최 군으로 하자. 하지만 지금은 소중한 공부 시간이다. 다른 사람을 괴롭히면 안 된다. 알았지? '하이'하고 대답해라."

"네!"

"네가 아니고 '하이' 하고 일본어로 하렴."

"네."

치즈코는 희덕이 때문에 두 손을 들었다. 이 아이는 태어난 지 얼마 되지 않아 목포역 벤치 위에 버려졌었다. 옷 속에는 '최희덕'이라는 이름을 적은 종이쪽지가 있을 뿐. 역에서 연락이 오자 치호가 안고 와서 길렀다. 고집이 세 또래들과 자주 싸웠다. 반면에 좋은 점도 있어서 나이 어린 아이들을 잘 돌보아 주었다. 하지만 치즈코에게는 의식적으로 반항했다.

교단의 책상 서랍을 열면 벌레가 우글거리는 것은 예사였고 어떤 때는 도마뱀이나 개구리도 나왔다. 그럴 때마다 치즈코는 실신할 만큼 놀란다. 치호가 때리면서 벌을 주어도 사과하지 않았다. 치즈코가 차마 보지 못하고 말리기도 했지만, 조금도 고쳐지지 않았다.

치즈코가 일을 하기 시작한 지 꼭 1년 4개월째. 치호는 원생들의 양육을 거의 치즈코에게 맡기고 자신은 매일같이 근처의 땅을 정리하며 기틀을 잡아갔다. 그해 1937년 7월 7일, 일본군이 일으킨 노구교(蘆溝橋) 사건으로 중일전쟁이 시작됐다. 지난번에는 유조구(柳條溝)를 폭파해서 만주를 점령하더니 이번에는 노구교를 폭파하고 중국이 한 짓이라 우기며 화북 지방 일대를 침략하려 했다. 그러자 상하이에서는 원한에 사무친 중국인이 오야마(大山) 해군 중위를 사살한 사건이 일어나 중·일 양국 군대가 격돌했다. 화북 지방에서는 일본군의 총공격이 개시된 7월 29일 통주(通州)의 기동(冀東) 정부 보안대가 반란을 일으켜 일본인 180여 명이 떼죽음을 당했다.

당시 일본군은 중국군이 쉽게 항복하리라 생각했지만 이는 판단 착오로, 오판이 계속 오판으로 이어져 전면전으로 치닫게 된 것이다. 이렇게 되자 조선은 대륙 침략의 병참기지가 되어 일본으로서는 조선을 완전하게 장악해야 했다.

결국 조선총독부는 1938년 3월 '조선교육령'을 공포하고 철저한 황민화 교육을 실시하게 했다. 그해 4월 일본에서는 '국가총동원법'을 공포, 농지도 전력도 국가가 관리하고 통제했다. 더욱이 조선지원병제도를 실시하여 반강제적으로 조선의 청년들을 전쟁터로 내보냈다.

이 같은 와중에서 치즈코는 40여 명의 고아 교육에 전념하고 있었다. 모든 학교에서 일본어 교육은 점점 강화되었다. 공생원 원생들은 유아부터 16세까지 있었다. 치즈코는 아이들 뒷바라지에서 교육에 이르기까지 혼자 매일 봉사했다. 치즈코는 몸도 마음도 피곤했지만 사명을 주신 하나님께 감사했다. 희덕이 같이 다루기 어려운 아이도 있었지만, 많은 아이들은 치즈코를 따랐다.

아이들은 모두 부모에게 버려졌고, 육친의 정에 굶주려 있었다. 이들은 치즈코의 사랑을 접하게 되자 성격이 밝아지면서 치즈코의 말을 잘 듣고 따랐다. 그러나 희덕이만은 계속 반항하고 비뚤어져 갔다.

어느 날 치즈코가 수업을 끝내고 돌아갈 준비를 하고 있는데 치호가 외출에서 돌아오며 다카오 선생을 모시고 왔다.

"야, 건강해 보이는구나, 치즈코 양!"

"예, 그렇습니다. 선생님도 여전하신지요."

"그렇다고 하고 싶지만, 요즘 학교에서는 근로봉사다 뭐다 해서 바쁘단다. 네가 걱정되면서도 올 시간이 없었다."

"조금 전 양동교회 앞에서 다카오 선생님과 만나 치즈코 양이 일하고 있는 모습을 봐 달라고 모시고 왔습니다."

"지금 윤 전도사와 만나 한 달에 한 번 정도는 얼굴을 보게 해 달라고 해서 아하하……."

다카오 선생은 웃었다. 치즈코가 찻잔을 준비하자 치호는 "오랜만에 다카오 선생님께서 오셨으니 이야기 많이 나누세요"라며 주전자를 들고 물을 가지러 나갔다.

"언제 보아도 좋은 곳이구나. 이곳은 일본으로 말하면 세도나이카이(瀨戶內海)나 큐슈(九州)의 아마쿠사(天草)쯤 되는 곳이겠지."

다카오는 열린 창문으로 바다를 바라보며 감동했다. 석양이 붉게 노을 진 바다에는 어선들 사이로 이 나라의 삼백(三白. 쌀, 소금, 면화)을 실은 일본 화물선들이 기적을 올리며 오가고 있었다.

"이곳 일은 힘들지 않니?"

"아니요, 괜찮습니다. 하지만 선생님! 일본 정부는 왜 이 나라 사람들의 말과 이름까지 바꾸려 합니까? 그것도 강제적으로……."

"어리석은 일이지. 조선은 일본보다 역사도 오래되고 우수한 문화가 있는데 강제로 일본화하려 하다니. 언젠가 이야기했지. '교만은 패망의 선봉이요, 거만한 마음은 넘어짐의 앞잡이'라고. 세계 역사가 이를 뒷받침하고 있어. 이대로 가다간 일본은 망하지."

"저도 최근에야 겨우 깨달았습니다. 우리 일본인의 잘못됨을……. 그것도 여기서 일한 덕택으로 말입니다."

"1년 전, 너에게 공생원에서 일하지 않겠느냐고 권했을 때, 내가 말했지. 시설은 열악하고 일은 고되지만 인간으로서는 의미 있는 곳이라고."

"선생님 말씀대로입니다. 무엇보다도 원장 선생님이 아이들에게 최선을 다하는 모습에 감동하고 있습니다. 아이들도 날이 갈수록 얼굴이 밝아지고 있습니다."

다카오는 치즈코의 말을 듣다가 뭔가 생각한 듯한 표정으로 말했다.

"실은 윤 전도사에 관한 일인데, 네게 꼭 이야기해 달라고 부탁한 것이……."

"저에게? 무슨 말씀이세요?"

"그건 결국……."

다카오는 왠지 망설이는 듯했다.

그때 마침 밖에서 떠들썩한 아이들의 소리가 들려왔다. 치즈코가 밖을 내다보니 경찰관들과 사복 형사 같은 사람이 서있었다.

사복 차림의 남자가 "이 근처에서 젊은 대학생을 보지 못했나요?"라고 치즈코에게 물었다. 치즈코는 아무도 보지 못했다고 했다.

"숨기면 안 돼요."

"정말 아무도 보지 못했습니다."

치즈코는 아이들을 감싸듯 하면서 말했다. 다카오도 나와서 물었다.

"당신들은 누구요?"

"보면 알지 않소. 경찰관이오."

"경찰관이라는 건 알지만 뭐 하러 왔나 하는 거요."

형사는 살피는 듯한 눈으로 다카오를 빤히 쳐다보며 고압적으로 물었다.

"이곳 원장인가?"

"아니오. 목포고녀 교사요 다카오라 하오."

"일본인인가?"

"그렇소. 이 사람은 다우치 치즈코 양으로, 내 제자요. 이곳 공생원에서 선생을 하고 있소."

형사는 상대가 일본인임을 알고는 태도가 약간 누그러졌다.

"실례했습니다. 나는 목포경찰서의 기지마(木島)입니다. 목포에 온 지 얼마 안 되어 아직 얼굴을 알아보지 못해서……."

기지마는 변명을 늘어놓으면서 경찰 수첩을 꺼내 다카오에게 내밀었다.

"실은, 수배 중인 용의자를 이 근처에서 보았다는 정보가 들어

와서 왔습니다만."

"어떤 사람입니까? 그 용의자는……."

"반일 운동을 하는 놈입니다. 광복회 소속 대학생으로 나주 농촌에 숨어들어 비밀공작을 하고 있다는 밀고가 들어왔습니다. 이 근처는 광주 사건 이래 불순한 학생들이 많으니 당신들도 조심하시오."

당시 조선의 반일운동은 크게 네 갈래로 나뉘어 있었다. 첫째는 동학의 후신인 천도교와 기독교와 불교 등 종교계 중심이며, 둘째는 1925년 결성된 조선공산당이었다. 셋째는 국외에서 결성된 대한민국임시정부를 거점으로 하는 민족주의적 운동이고, 넷째가 바로 조국광복회였다.

광복회는 한일합병 직후 의병운동의 일부로서 조선 북부와 만주 동부 산악지대를 근거로 무장 투쟁에 들어간 광복단(단장 이범윤)의 후신이다. 3·1 독립만세운동 이후 앞에서도 말한 각 단체가 반일 항쟁을 하다 하나로 통합되어 1935년 결성되었다. 여기에는 10대 강령이 있는데 제1조에는 "조선 민족의 총동원에 의한 광범위한 반일통일전선을 실현함으로 일본 제국주의의 통치를 중단시키고 진정한 조선인민정부를 수립한다"라고 하고 있다. 회장으로는 김일성(金日成)이 추대되었다.(북한의 김일성은 본명이 김성주金聖柱로, 해방후 독립운동의 상징적 영웅의 이름을 차용하여 개명한 것이다. 진짜 김일성은 나이가 많아 타계했다.)

이런 조선의 움직임에 일본은 1928년 고등경찰을 설치하고 이듬해에는 '치안유지법'을 개정하여 반일운동가의 말단까지도 체포,

투옥시켰다. 그 결과 1928년에서 1935년까지 사상범으로 검거된 사람은 무려 22,955명에 달했다.

공생원까지 용의자를 찾아온 기지마 다케오(木島武夫)는 경기도 경찰에서 강원도, 다음은 경상남도로 전근되었다가 보름 전에 전라남도 경찰의 고등계 주임이 된 민완형사였다. 그가 지금 쫓고 있는 인물은 1929년 광주 사건 등을 지원한 조선일보의 간부 신석우(申錫雨) 등 신간회(新幹會) 일파였다. 기지마는 전남 일대의 농촌에서 반일 공작을 하고 있다는 정보를 알아낸 것이다.

기지마가 다카오와 이야기하고 있을 때 주위를 살피던 경찰이 윤치호를 데리고 왔다.

"기지마 주임님! 이 사람이 이상합니다. 우리가 뒤 창고를 뒤지고 있는데 방해합니다."

그러자 치호는 항변했다.

"방해한 게 아닙니다. 아이들이 흙으로 빚은 항아리가 있어서 그것을 부수지 말라고 한 것뿐입니다."

그러자 기지마는 경멸하듯이 말했다.

"자네, 조선인이구먼."

"그렇습니다. 조선 사람입니다. 그게 어떻다는 겁니까?"

치호는 반항적으로 기지마에게 대들었다.

"건방진 소리 마."

기지마가 갑자기 치호의 뺨을 후려갈겼다. 다카오가 이를 보고 끼어들었다.

"난폭하게 굴지 마세요. 이 사람은 이곳 원장이오."

"원장이든 뭐든 공무를 방해하는 자는 불순분자요. 경찰에 연행합시다."

기지마는 아직도 자신을 노려보고 있는 치호를 향해 소리치며 말했다. 다카오는 참지 못하고 기지마에게 말했다.

"기다리시오. 이 원장은 혼자 10년이나 고아들을 보살펴 준 사람입니다. 총독부에서도 그 공적을 인정하고 현재 이 고아원을 지원해 주고 있습니다. 이 사람은 공무를 방해할 사람이 아닙니다. 제가 보증하겠습니다."

기지마는 비웃는 듯한 말투로 말했다.

"죄송한 말씀이지만, 조선인이 조선의 고아들을 보살핀다고 해서 우리가 감사할 필요가 없지 않소, 그렇지 않소. 다카오 선생!"

"당신은 무슨 말을 그렇게 하오……."

다카오는 너무나 놀라서 말을 잇지 못했다. 어느새 주위에는 아이들이 모여 기지마나 경찰관에게 반항의 눈초리를 보내고 있었다. 그 가운데 희덕이가 돌을 들고 기지마를 향해 던지려 했다. 치즈코가 그 모습을 보고 희덕의 손을 급하게 잡았다. 다카오는 놀라움을 참으며 냉정한 말투로 기지마에게 설교하듯 말했다.

"지금 일본 정부는 내선일체, 황민화라는 목표를 내걸고 있소. 결국 모두가 일본인이오. 여기에 차별이 있어선 안 되는 것이오. 당신은 민중의 모범이어야 하는 경찰관이면서 꼭 이런 말을 해야 알아듣겠습니까?"

"모든 것에는 앞뒤가 있습니다. 오늘은 이만 가겠습니다. 선생님도 끼어들지 않는 게 좋을 겁니다. 저들이 뭘 생각하는지 잘 모르니까요."

기지마는 치호를 힐긋 쳐다보고 경찰관들과 함께 돌아갔다.

"윤 원장! 기분이 좋지 않지요. 미안합니다."

다카오는 고개를 숙였다. 치즈코도 같은 생각이었다. 그러나 치호는 가볍게 웃었다.

"아니요, 우리는 훈련되어 있습니다. 저는 다카오 선생님이나 다우치 씨에게 폐를 끼친 것 같아 걱정됩니다."

"허세를 부린 것뿐이오. 시장과 경찰관에게 이야기하겠소. 시장 딸이 내 제자니까. 아하하하!"

다카오는 분위기를 바꾸어 보려고 일부러 밝게 웃었다. 치호가 "선생님께 차를 드리는 것을 잊었다"며 차 다릴 준비를 했다. 그러자 다카오가 말했다.

"아니, 괜찮소. 이만 실례하겠소. 다우치 양은 함께 돌아가지 않겠나?"

"아니요, 저는 아직 일이 남았습니다."

"그럼 윤 원장, 나는 이만."

"선생님!"

돌아가는 다카오를 치호는 급히 불렀다. 치즈코로부터 조금 떨어진 곳으로 가서 소곤거렸다.

"저기…… 조금 전에 말씀드린 내용, 치즈코에게……"

"조금 전 말이라니?"

"조금 전에 부탁한 일은……"

"아, 윤 원장! 그건 역시 자네 자신이 말하는 게 좋겠네."

"예?"

"서로 납득할 때까지 이야기하는 게 좋을 것 같네."

치호의 얼굴에는 실망의 빛이 보였다.

"역시 제가 조선 사람이니까 부담스럽다는……."

"아니네."

다카오는 고개를 저었다.

"나는 자네를 믿네. 그리고 자네처럼 다우치 양도 믿고 있네. 기독교 정신에는 국경도 차별도 없네. 결과가 어떻게 되어도 주님 뜻이라 생각하길 바라네."

"하지만……"

"용기를 내어 부딪쳐 보게. 자네는 지금까지도 신앙을 갖고 살아오지 않았는가."

다카오는 치호의 어깨를 두드리고 웃으면서 찬송가를 부르며 내려갔다.

내 주는 강한 성이요 방패와 병기 되시니.
큰 환난에서 우리를 구하여 내시리로다.
옛 원수 마귀는 이때도 힘을 써 모략과 권세로 무기를 삼으니
천하에 누가 당하랴.(새찬송가 585장)

7. 반일운동 투사를 숨겨 주다

  다카오를 도중까지 배웅하고 치호가 돌아왔다. 아이들의 방을 정리하고 있던 치즈코는 조금 전 다카오와 치호가 무슨 이야기를 했는지 궁금해서 물었다.
  "조금 전 다카오 선생님과 무슨 이야기를 하셨습니까?"
  "저, 그건……"
  치호는 거짓말을 한 사람처럼 허둥거리며 안절부절못했다. 치즈코는 주위에 있는 아이들을 시설 뒷쪽으로 보내고 다시 치호에게 물었다.
  "조금 전 다카오 선생님께서 말씀하신, 원장 선생님께서 직접 저에게 말씀하시라는 뜻은 무엇입니까."
  "실은…… 곤란한데요."
  "어떤 이야기라도 괜찮습니다. 말씀해 주세요. 놀라지 않겠습니다……."

"정말 놀라지 않겠습니까?"

"예, 정말로……."

"그럼, 말하겠습니다. ……다우치 선생, 나와 결혼해 주세요."

"예?"

치즈코는 얼굴이 붉어졌다. 아무 대답도 하지 못했다.

"저는 오래전부터 생각하고 있었답니다. 다우치 선생이 공생원에 오신 이후 아이들이 눈에 띄게 밝아졌습니다. 부모 없는 아이들에게 어머니 같은 부드러운 사랑과 따뜻한 마음이 얼마나 필요하고 소중한지 알았습니다. 그래서 당신과 결혼하기로 결심하게 된 겁니다."

치즈코는 충격을 참고 있었다. 언제부터인가 치호의 태도에서 직장 동료 이상의 감정을 느끼고는 있었다. 그래서 치호의 청혼이 전혀 예상 밖은 아니었다. 치즈코 자신도 함께 일하며 존경 이상으로 여자로서 그를 뜨겁게 사모하고 있음을 느끼고 있었다. 그러나 그때마다 "이건 있을 수 없는 일"이라며 계속 부정해 왔다. 그런데 지금, 치호가 구혼을 해오니 그녀의 마음은 착잡했다.

"……"

치즈코는 대답이 없었다. 그러자 치호는 쌓이고 쌓인 감정을 터뜨리면서 진심을 토로했다.

"치즈코 선생! 저는 이 일을 계속해 가기 위해서라도, 또 제 개인을 위해서라도 당신이 필요합니다. 치즈코 선생! 저와 결혼해 주십시오."

참았던 감정이 폭포수처럼 터져 나오면서 그는 진정으로 치즈코의 허락을 구했다. 사람이 다가오는 것조차 느끼지 못했다.

"저는 조선 사람입니다. 현재 일본인과 조선인이 어떤 관계에 있는지, 어떤 입장에 있는지, 또 일본인이 조선인을 어떻게 생각하고 있는지 잘 압니다. 표면적으로 일본은 종주국이고 조선은 속국입니다. 당신은 훌륭한 가정에서 태어나 고등교육을 받았고, 미션 스쿨 교사였습니다. 저에게는 이렇다 할 내세울 것이 없습니다. 치즈코 선생! 대답해 주세요. 싫다고 해도 좋습니다. 당신의 진심을 들려 주십시오."

치즈코는 사모하는 사람에게 구혼을 받아 기쁘고 감사했다. 하지만 '네'라고 대답하지 못하는 자신이 슬펐다.

"저는 결혼할 수 없는 여자입니다."

치즈코는 고개를 숙이고 작은 소리로 대답했다.

"왜죠? 왜 결혼할 수 없습니까?"

"저는 3년 전에 수술을 했습니다. 아이를 낳지 못하는 몸이 되었습니다."

"의사가 정말 그렇게 말하던가요?"

"예, 가능성이 희박하다고……."

"그럼 아직 가능성은 남아 있다는 거죠. 고아 사업을 하는 이 윤치호에게 아이를 못 낳는 당신을 만나게 한 것도 하나님의 은혜입니다. 나에게 자식이 생긴다면 더 불편할지도 모릅니다."

"……"

"대답해 주세요. 치즈코! '네'든지, '아니'라든지."

"저도 원장 선생님을 존경하고 있습니다. 하지만 자신을 보면 자격이 없는 것 같습니다."

"아이들을 위해 어머니가 되어 주시면 됩니다."

"조금 시간을 주세요. 우선 어머니와 의논해야 합니다."

"의논하면 반대하실 겁니다. 저는 당신의 솔직한 마음을 듣고 싶습니다."

치즈코는 치호를 사모하면서도 '네'라고 대답하지 못했다. 그때 조금 전부터 두 사람의 이야기를 숨어서 듣고 있던 한 청년이 불쑥 뛰쳐나왔다.

"듣지 않아도 대답은 '아니다'로 정해져 있소."

두 사람은 깜짝 놀라 청년을 쳐다보았다. 그 청년은 더럽고 낡은 흰 옷을 걸치고 있었다. 손과 다리에는 진흙이 묻어 있고 얼굴은 검게 그을려 있었지만 용모가 단정하고 눈에서는 빛이 났다.

"이유는 간단합니다. 겉으로는 내선일체이고 평등하다 하지만, 속내는 차별로 가득합니다. 당신도 조선인이니 잘 알 텐데……."

청년은 치호와 치즈코를 보며 말을 내뱉었다.

"당신은 누구요?"

"한동운이라 하오. 원래는 경성대학 경제학부 학생이지만 현재는 반일동맹의 농촌공작원입니다."

그러자 치호는 생각이 났다.

"아, 아까 경찰들이 찾으러 왔던……."

"일본 개새끼들이 아무리 혈안이 되어도 나는 잡힐 사람이 아니오."

그는 웃으면서 걸어 나왔지만 다리를 다쳤는지 질질 끌었다. "읏!" 하며 신음소리를 냈다.

"앗, 다리에서 피가……"

한동운의 오른쪽 다리에서는 붉은 피가 하얀 바지를 적시고 있었다. 치즈코는 놀랐다.

"엊저녁에 산을 넘어올 때 바위에서 넘어져 다리를 다쳤나 봅니다."

그는 이를 악물고 다리를 절며 걸었다. 치즈코가 수건을 가지고 와서 상처를 동여매려 했다.

"필요 없소."

한동운은 치즈코의 손을 밀어내고는 화를 내며 말했다.

"난 일본인의 도움은 받을 수 없소."

"이 사람은 다릅니다. 조선의 고아들을 위해 헌신적으로 일하시는 분인데……"

치호가 치즈코를 감싸자 한동운이 비웃듯이 말했다.

"당신이…… 지금 청혼했어도 거절당하지 않았습니까?"

"그건 다릅니다. 그녀에겐 편견이 없습니다……"

"난 절대로 일본인을 믿지 않소. 1910년 한일합방 이래 오늘까지 일본이 해온 짓을 보면 말과 행동이 다르다는 걸 알지 않소. 3·1운동 때나 관동 대지진 때 우리 동포들이 얼마나 학살당했습니까? 광주학생사건 때는 어땠습니까? 죄 없는 우리 동포들이 얼마나 죽임을 당했습니까? 그래도 일본 사람을 믿으라는 겁니까?"

"물론, 우리 민족은 고통받고 있소. 그러나 일본인 중에 착한 사람도 있소. 그리스도를 믿고 그리스도의 정신으로 조선의 불우한 아이들을 사랑하며 매일 여기 와서 봉사하고 있습니다."

치호는 한동운이 치즈코를 나쁘게 말하자 소중하게 가꾼 화단을 망가뜨리는 것 같은 아픔을 참을 수 없었다. 그래도 한동운은 대답하지 않았다. 치즈코를 무시한 채 입고 있던 옷을 찢어 상처를 감쌌다.

"앞으로 어떻게 할 생각이오?"

"어떻게 하든 당신들의 도움은 받지 않겠소."

그는 상처 난 다리를 끌며 나아가려 했지만 두어 걸음 옮기다 비틀거리며 쓰러졌다.

이튿날 오후, 청년은 창고에서 의식을 회복했다. 옆에서는 치즈코가 걱정스러운 듯이 지켜보며 찬물에 적신 수건을 이마에 얹고 있었다. 정신이 든 청년은 이를 거부했다. 몸을 일으키려 했지만 온몸에 힘이 빠져나간 듯 움직일 수가 없었다. 다리의 상처에는 깨끗한 붕대가 감겨 있었다. 치즈코가 설명했다.

"차남수(車南守) 병원의 차 선생님께 치료를 부탁했습니다. 상처가 심하여 파상풍을 일으킬 염려가 있기 때문에 2, 3일간은 절대 안정해야 한다고 하셨습니다."

"그럴 만한 상황이 아니오. 나는 일본 경찰에 쫓기고 있소."

"아니요. 경찰은 어제 여기를 조사하고 갔습니다. 당분간은 오지 않으리라 생각합니다."

"의사는 괜찮소? 고발하지 않을까요?"

"차 선생님은 그럴 분이 아닙니다. 훌륭한 기독교인입니다. 밤에 일부러 여기까지 와주셨습니다."

한동운은 조금 안심하는 듯했다. 두 눈을 감고 몸을 옆으로 돌렸다.

그리고 3일째, 열도 내리고 식욕도 생겼다. 치즈코가 죽을 끓여 오니 한동운은 낮은 소리로 노래하고 있었다.

"건강이 회복되어 다행입니다."

한동운은 미안한 듯이 치즈코로부터 시선을 돌린 채 혼잣말처럼 중얼거렸다.

"내일쯤은 떠나려 합니다."

그의 말에 빈정대는 투는 없었다.

"아직은 무리가 아닌지요."

"하지만 더 이상 폐를 끼칠 수 없습니다."

"아니요. 폐라니요, 그런 걱정 마세요!"

"나는 반일운동을 하고 있는 조선인이오. 일본인인 당신이 나를 왜 감싸는 거요. 왜, 경찰에게 이야기하지 않소?"

"저는 당신이 나쁜 일을 한다고 생각하지 않습니다. 오히려 일본인 쪽이 잘못된 정치를 하고 있다는, 잘 모르지만…… 그런 기분이 듭니다."

"정치가 잘못됐다는 생각이 든다면, 왜 일본인으로서 정부에 항의하지 않습니까? 우리 조선인이 이렇게 부당한 취급을 받는 줄 알면서 왜 가만히 보고만 계십니까? 당신도 일본인이기 때문에 국가의 범죄를 용인하고 있는 게 아닙니까?"

한동운의 말에는 사람의 가슴을 찌르는 예리함이 있었다. 치즈코는 아무 말도 하지 못했다. 나라의 죄악은 알고 있다. 그러나 치즈코가 답할 성질의 것은 아니었다.

한동운도 너무했다고 생각했는지 "그만 둡시다. 당신 개인이 책임질 문제가 아닙니다. 오히려 저는 당신께 감사하고 있습니다. 서로의 입장은 입장이고, 당신께는 감사를 표합니다"라며 치즈코에게 머리를 숙였다.

"인사를 받을 만한 것도 못됩니다. 어려운 사람을 돕는 것은 당연한 일입니다."

치즈코는 미소를 지으며 한동운의 마음을 편안하게 해주었다.

"아까 흥얼대던 노래는 어떤 노래입니까?"

"〈봉선화〉입니다."

"〈봉선화〉……?"

"그렇습니다. 반일적이라는 이유로 일본 정부가 금지시킨 곡이지요.

울 밑에 선 봉선화야, 네 모양이 처량하다.
길고 긴 날 여름철에 아름답게 꽃필 적에
어여쁘신 아가씨들 너를 반겨 놀았도다.

도대체 이 노래의 어디가 나쁩니까? 일본 정부는 '아름다웠던 옛날을 그리워한다'는 점이 반일적이라는 것이겠지요. 그러나 그런 식이라면 〈도라지〉나 〈아리랑〉이나 모두 그렇지 않습니까? 아무튼 일본은 우리나라의 민족적인 것은 무엇이든 말살하려 하니까요."

한동운은 말을 계속하며 다시 흥분하고 있었다.

울 밑에 선 봉선화야, 네 모양이 처량하다.
길고 긴 날 여름철에 아름답게 꽃필 적에
어여쁘신 아가씨들 너를 반겨 놀았도다.

손을 흔들며 부르는 아이들의 노래, 그것은 노래라기보다 우는 소리였다.

그때 어디선가 큰 소리가 들려왔다. 계속해서 떼 지어 오는 사람들의 발소리가 들렸다. 치즈코는 깜짝 놀라 재빨리 한동운을 숨기려 했지만, 문이 열리면서 경찰들을 데리고 기지마가 들어왔다.

"역시 숨겨 주었군."

기지마가 손으로 지시하자 경찰들이 한동운에게 달려들었다.

"잡아라!"

경찰들이 한동운을 덮치는 순간 그는 날쌔게 도망쳤다. 경찰들이 뒤쫓자 아이들이 경찰을 가로막았다. 희덕의 지시였다. 경찰은 아이들을 내동댕이치고 한동운을 쫓았다.

"아이들에게 심하게 하지 마세요."

치즈코가 큰 소리로 외쳤다. 치호는 가장 어린 재석을 감싸 안았다.

"당신도 범인을 숨겨 주었지! 당신도 공범이오."

기지마는 화가 단단히 난 채 치호를 노려보았다.

그는 며칠 동안 부하들에게 공생원을 살피라고 했다. 그리고 아이들의 말끝에 한동운이 여기 숨어 있다는 것을 알아챘다. 한동운은 도망쳤지만 다리의 상처가 아직 아물지 않아 곧 경찰에 체포되었다.

"이런 자식을 도와주다니."

기지마는 수갑을 채운 한동운을 아이들이 보는 앞에서 발로 차면서 데리고 갔다. 치호도 경찰에게 끌려갔다.

8. 결혼

치즈코는 곧 다카오 선생을 찾아갔다. 다카오 선생은 치즈코에게 자세한 얘기를 듣더니 제자인 목포 시장 딸을 통해 시장에게 치호의 석방을 부탁했다. 시장도 치호가 어렵게 고아원을 운영하고 있는 줄 아는지라 경찰서장에게 치호를 풀어 달라고 요청했다. 하지만 '특별고등형사'들의 사상 조사 권한이 워낙 막강하여 서장일지라도 어쩌질 못했다. 결국 치호가 풀려나온 것은 10여 일이 훨씬 지나서였다.

한동운은 반일운동 혐의로 경성으로 압송되어 재판에 회부된 뒤 광복을 맞이할 때까지 감옥살이를 했다.

공생원에 돌아온 치호는 몰라볼 정도로 초췌한 얼굴이었다. 경찰의 조사가 얼마나 심했는지 짐작이 갔다. 당초 경찰은 치호를 가벼운 과실범으로 풀어 주려 했다. 하지만 조사를 계속하면서 치호의 과거에 깊은 의혹을 품게 되었다. 치호는 피어선 성서학원 때부터 시간을 내 지방 순회 전도를 했다. 그는 성경 이야기를 해가면서 사상과 신앙을 결부시켰다. 그의 설교에는 청중이 떼 지어 모였다.

그는 '시온의 영광이 빛나는 아침'이라는 찬송을 곧잘 불렀다. 주님이 시온산 위에 다시 오시어 사탄을 멸하고 인류를 죄와 죽음의 속박에서 해방하신다는 내용이 담겨 있었다. 그리고 주 예수는 정의와 공평으로 세상을 구하시며 그의 왕좌는 이스라엘의 시온 산상이라는 것이다. 일본에 억압되어 있는 조선인들에게는 일본으로부터의 해방을 의미하기 때문에 이 찬송을 애창했다. 일본 관헌들이 이 찬송을 싫어한 것은 당연했다.

치호는 몇 번이나 설교 중지 명령을 받고 현장에서 체포되었다. 결국 경찰로부터 '요주의 인물'로 낙인 찍혀 유치장 신세를 지곤 했지만 그는 개의치 않고 전도에 힘을 쏟았다.

치호의 사상에 큰 변화를 준 사람이 윤판석(尹判石)이다. 경성의 용산구에 있는 교회에서 장로로 활동하고 있던 그는 열렬한 애국자였다. 그는 상하이 임시정부를 지원하는 비밀단체인 '구국 의용군' 간부이기도 했다. 치호는 윤판석과 처음 만났을 때부터 그의 차분한 모습에 숨겨진 열렬한 우국 정열에 끌렸다. 치호는 윤판석과 의형제를 맺었다.

그래서 치호는 한때 전도 활동 이상으로 민족주의적 반일운동에 몰두한 적도 있었다. 그러나 공생원을 운영하게 된 뒤부터는 주의나 사상을 초월하여 하나님 사랑을 실천하는 데 힘썼다.

목포경찰서 특별고등과는 이 사실을 들춰 냈다.

"윤치호! 네가 관계한 반일단체는 무엇인가? 동지는 누구누구인가? 자백하라."

고문이 계속되었지만 치호는 굳게 입을 다물었다. 경찰서에서는 철저하게 조사하라는 쪽과 그냥 봐주자는 쪽으로 의견이 갈려 석방이 쉽지 않았다. 그러던 중 다카오 선생이 애를 쓰고 신원 보증을 약속하여 겨우 풀려나게 된 것이다.

그동안 치즈코가 면회하러 갈 때마다 형사들은 치호의 과거를 들추어 "이런 사람에게 협력하는 자는 국민이 아니다"라며 매도했다. 그러나 치즈코는 그들로부터 모욕을 받을 때마다 오히려 나쁜 쪽은 일본의 정치이며 고통 받는 조선인들을 위해 봉사하는 것은 곧 주 예수의 뜻임을 깨닫게 되었다. 존경하는 다카오 선생이 조선인을 돕는 까닭도 이제는 확연히 깨달았다.

경찰에서 풀려난 치호는 잔인한 고문에 관해서는 아무 말도 하지 않았다. 얼마나 깊은 상처를 받았을까.

'그렇다. 저분은 내가 필요하다고 했다. 내가 아무 일도 못 하더라도 저분의 구혼을 그대로 받아들이자. 일본이 범한 수많은 범죄에 조금이라도 속죄하자. 설령 이것이 고난의 길이고 또 아이가 없는 가정이라 하더라도 저분이 말한 대로 공생원 아이들을 내 아이라 믿고 고아들을 키우는 데 생애를 바치자. 다카오 선생님이 언젠가 말씀하신 것처럼 십자가가 없으면 월계관도 없다. 이것이 나의 십자가의 길이라면 그 길이 아무리 위태로워도 언젠가는 영광으로 이어질 것이다.'

치즈코는 이렇게 결심하고 먼저 어머니에게 동의를 구했다. 그러자 어머니는 딸의 뜻밖의 말에 놀랐다.

"너 정말 결심했니? 일시적인 감정이나 존경만으로는 결혼생활이 어렵단다."

"물론 기도하고 충분히 생각한 끝에 결심한 것입니다."

"치즈코! 같은 일본인끼리 부부가 되어도 결혼생활이 어려운 경우가 많단다. 그런데 풍속이나 습관, 게다가 음식 문화도 다른 나라 사람이다. 지금은 같은 국민이라고는 하지만 앞으로 어떻게 변할지 알 수 없다. 너는 '아이를 못 낳을지도 모른다'고 의사가 말했다. 옛날부터 아이를 낳지 못하는 여자는 쫓겨나는 것이 조선의 풍습이다."

"어머니! 그건 그분도 알고 있어요. 우리 사이에 아이를 낳지 못해도 공생원 아이들을 자기 아이들이라고 생각하면 되지 않느냐고 했어요. 저도 그렇게 생각해요."

하루는 누구보다 결혼의 어려움을 경험하고 있었다. 그녀가 도쿠치와 결혼할 때도 주위의 반대가 심했다. 외동딸 치즈코가 지금은 좋다고 해도 장차 어떤 불행이 기다리고 있을지 모른다고 생각하면 쉽사리 받아들일 수 없었다.

그러나 어머니 하루는 치즈코의 뜻을 꺾을 수 없음을 알았다.

"결혼이란 나라와 나라가 하는 것이 아니라 사람과 사람이 부부가 되는 것이다. 하나님 나라에서는 조선인도 일본인도 차별이 없다. 모두 형제자매다. 믿고 사랑한다면 어떤 고통도 견디리라 생각한다. 너 그 청년을 사랑하느냐?"

"어머니, 저는 그분을 존경하고 있습니다."

"잘 알았다. 더 이상 반대는 않겠다. 그러나 그 전에 한번 그 사람을 만나게 해주렴."

치즈코는 공생원으로 달려갔다. 그녀의 결의를 치호에게 말했다. 치호는 나는 듯이 기뻐했다. 한동운 사건 이래 반은 단념하고 있던 치호는 치즈코의 어머니를 찾아갔다. 하루는 치호에게 결혼 조건을 제시했다.

먼저 하루는 치즈코가 다우치 가(家)의 호적을 이어야 하는 외동딸이므로 치호에게 데릴사위로 입적해 달라고 했다. 치호는 "그렇게 하지요. 저는 동생들이 있지만 치즈코는 외동딸입니다. 저의 집 호적은 동생에게 잇도록 하겠습니다. 저는 다우치 가로 입적하겠습니다" 하고 약속하고는 어머니에게 동의를 구하러 갔다. 치호의 어머니는 반대했다.

"너는 파평 윤씨 종손이면서 호적을 지키지 않아도 되니?"

어머니는 상대가 아이를 낳지 못하는 여자라는 말에 더욱 맹렬히 반대하다 쓰러졌다. 치호는 어머니 곁에서 거의 한달 동안을 설득했다.

"어머니! 파평 윤씨 가문은 동생 진선이가 이어 받게 해주세요. 지금의 공생원 사업을 계속하려면 치즈코만 한 적임자가 없습니다."

"네가 그렇게까지 생각한다면……."

어머니는 마지못해 결혼을 승낙했다. 그런데 이 혼사가 전해지자 한·일 양측에서 거센 반대가 일었다. 한국 측의 반대는 반일 감정에서였고 일본 측의 반대는 "조선총독부 관리의 딸이 뭐가 부족해서 조선인, 그것도 거지대장과 결혼하는가, 일본인의 체면 문제"라는 식의 민족적 우월감에서였다.

그 때문에 하루에게는 도처에서 반대 전화와 편지가 쇄도했다. 일부러 찾아와서 충고하는 사람도 있었다. 그러나 하루는 여걸로 이름나 있는 고치 출신에다 그리스도인이었다. 하루는 딸을 오히려 격려해 주었다.

"치즈코! 한번 결정한 이상 어떠한 방해에도 굴복해선 안 된다. 치호는 훌륭한 사람이야."

한편 치호에게는 더욱 심각한 고민이 있었다. 그래서 경성의 윤판석 씨를 찾았다. 판석은 치호를 밤에 파고다공원으로 데려갔다.

"여기는 3·1 운동의 발상지다. 우리 백의민족의 눈물의 기도가 담긴 곳이다."

둘은 무릎을 꿇고 기도했다. 진지한 기도는 깊은 밤의 침묵을 깨고 하늘 높이 울리고 있었다. 그리고 어느새 아침을 맞았다. 동녘 하늘이 밝아졌을 때 판석은 하나님의 소리를 들었다고 했다.

판석은 치호를 기도로 포기하게 하려고 파고다공원까지 데리고 갔지만 반대로 주님의 음성이 자기 주장을 잃게 해주었다고 했다. 그는 동지 한 사람을 잃어버리는 슬픔에 소리 내어 울었다. 그리고 치호에게 "너의 길을 가라"고 외쳤다. 두 사람은 울면서 파고다공원을 나섰다.

치호와 다우치는 목포 시내 공회당(지금의 상공회의소)에서 결혼식을 올렸다. 식장에는 주례를 맡은 일본인교회의 후루가와(古川) 목사, 중매인 다카오 선생 부부와 한·일 두 나라의 많은 유명인사들이 참석했다. 목포신보(木浦新報)는 그날 머릿기사로 치호의 결혼식을 다루었는데, '내선일체의 성혼'이라며 축하하기도 했다.

완전한 사랑 하나님의 사랑
다함이 없는 사랑에 겨워
둘 한 몸 되어 보람 있게 살라
손 모아 주님 앞에 빕니다.(새찬송가 604장)

찬송에 이어 성경을 낭독하고 기도드린 다음, 결혼 서약식이 있었다. 후루가와 목사는 치호와 치즈코의 손을 잡고 서약서를 읽으며 따라 하게 했다. 서약은 신랑 측부터 시작되었다.

"저 윤치호는 하나님의 말씀을 따르고 다우치 치즈코를 아내로 삼아 건강할 때나 병들었을 때나 행복할 때나 힘들 때나 사랑하고 봉사하고 도우며 보호하고 다른 사람은 생각하지 않을 것을 서약합니다."

이어서 치즈코의 순서가 되었다.

"저 다우치 치즈코는 하나님의 말씀을 따르고 윤치호의 아내로서 남편을 섬기고 건강할 때나 병들었을 때나 행복할 때나 힘들 때나 사랑하고 봉사하고 도우며 보호하고 다른 사람은 생각하지 않을 것을 서약합니다."

어머니 하루는 딸의 서약문을 들으며 흐느꼈다. 결혼식도 올리지 못했던 자신들의 아픈 기억이 떠올랐다. 그러나 그 이상으로 국제결혼에는 어려움이 있을 거라는 생각이 들었다. 일본의 통치가 언제까지 계속될지 불안하기도 했다. 그때 치즈코에게 어떤 불행이 닥칠까……. 다시 찬송이 시작되었다.

내 주여 뜻대로 행하시옵소서
온몸과 영혼을 다 주께 드리니
이 세상 고락간 주인도 하시고
날 주관하셔서 뜻대로 하소서.(새찬송가 549장)

하루는 이 찬송을 부르며 다시 울었다. 외동딸 치즈코의 장래를 이 찬송이 상징하는 것처럼 느껴져서였다. 그러나 치즈코는 함께 노래하면서 젊은이가 전쟁에 나갈 때와 같은 긴장감 속에 이 가사가 그대로 자신의 각오라고 생각했다. 많은 사람의 축사가 이어진 뒤 식은 끝났다.

이날, 결혼식에서는 보기 드문 일이 있었다. 목포시 주변의 많은 거지들이 초대된 것이다. 그들은 거지들이 입는 옷을 벗고 치호가 자신의 결혼식을 기념하여 그들에게 준 당목(唐木)으로 새 옷을 만들어 입었다. 그래서 상류 명사들과 어깨를 나란히 할 수 있었다. 평소 거지대장이라는 애칭이 있던 치호가 밑바닥 생활을 하고 있는 그들에게 주는 사랑의 선물이었다.

또한 그것은 '하나님 앞에서는 모두가 평등하다'는 그리스도의 정신을 알리는 의미도 있었다. 하지만 의외로 경비가 많이 들어 가난한 치호는 정작 자신이 입을 예복이 없었다. 치호의 딱한 사정을 전해 들은 교사 친구가 자기 시계를 전당포에 맡기고 그 돈으로 국민복을 빌려와 예정된 시간에 맞출 수 있었다.

식이 끝난 후 신랑신부가 밖으로 나오자 거지들이 대기하고 있다가 모두 양손을 들면서 큰 소리로 외쳤다.

"거지대장 만세!"

"거지대장 만세!"

"거지대장 만세!"

이처럼 치호 부부는 거지들로부터 축복을 받으면서 인생의 첫발을 내디뎠다. 치호는 미리 준비한 빵 한 봉지씩을 돌렸다. 결혼식에 입을 옷도 없는 신랑이 가난한 거지들에게 새 옷을 입히는가 하면 빵까지 준 것이다. 치호는 목포 시민들로부터 거지대장이라는 애칭을 받은 것을 자랑으로 느끼고 있었다.

결혼식 날인 1938년 10월 15일. 중일전쟁은 갈수록 치열해지고 있었다. 마침 그날은 목포 공생원 창립 10주년 기념일이기도 했다. 그때 치호는 29세, 치즈코는 26세였다.

9. 출산 그리고 성별(聖別)

결혼식을 마친 신랑, 신부는 치즈코의 어머니 집에서 첫날밤을 보냈다. 치호는 하루와 약속한 대로 다우치 치즈코의 호적으로 입적했다. 물론 그들에게 신혼여행은 없었다. 이튿날 아침부터 공생원에 돌아가 원생들을 위해 분주하게 일했다. 치호가 그녀의 호적에 들어왔다 해도 치즈코는 실질적으로는 조선인의 아내였다.

"아내들이여 자기 남편에게 복종하기를 주께 하듯 하라……"(에베소서 5장 22-24).

그녀는 성경의 가르침을 따라 지금까지 입고 있던 일본 옷을 벗고 치마저고리로 갈아입었다. 음식도 김치와 된장찌개를 먹었다.

결혼은 했지만 두 사람은 같이 지낼 방이 없었다. 치즈코는 하루 종일 일하고 밤이면 유달산을 넘어 어머니 집으로 돌아갔다.

치호는 노방 전도에도 열심이었다. 치호의 설교는 인기가 있어 목포 근처의 여러 교회에서 그를 초청했는데, 치호가 가면 으레 많은 신도들이 모여들었다. 그의 설교는 일본 관리들에게는 계속 문제가 되었다.

"여러분! 성경은 '공의는 나라를 영화롭게 하고 죄는 백성을 욕되게 하느니라'(잠언 14장 34절)라고 가르치고 있습니다. 세상을 만드신 하나님은 오직 한 분이십니다. 이 하나님을 따르는 것은 정의이고, 하나님을 거부하는 것은 죄악입니다. 죄는 반드시 하나님이 벌하십니다. 우리는 유일하신 하나님의 말씀을 믿고 바르게 살지 않으면 안 됩니다."

기독교의 기초적인 내용을 담은 설교지만 듣는 사람에 따라서는 일본 정치에 대한 비판으로 생각되기도 했다. 당시 조선총독부는 전국에 신사를 짓고 한 달에 세 번씩 신사를 참배하도록 강요했다. 각 신사에는 천조대신의 대마를 안치하고 '천조대신이 일본의 나라를 만들었다'고 가르치고 있었다. 많은 목사와 신도들이 신사참배를 거부하여 전국의 형무소는 초만원이었다.

목사들은 교회를 지키기 위해서는 제대로 설교를 할 수 없었다. 여기에 윤치호가 나타나 대담하게 설교한 것이다. 신도들의 신앙은 뜨겁게 타올랐지만, 경찰은 그를 감시하고 또 반일 활동으로 몰아 경찰서 유치장에 가두곤 했다. 그래서 곧잘 연락이 끊어지곤 했다.

아직 신혼일 때, 윤치호는 전국 목사회의가 열린다는 소식을 듣고 평양에 갔다. 그는 목사회의의 일반 순서가 끝나자 발언권을 얻어 목포 공생원에 관해 이야기했다. 그리고 회의에 참석한 목사들에게 "불쌍한 고아들을 위해 기도해 달라"고 호소했다. 그의 말이 끝날 즈음 현장을 감시하고 있던 사복 형사가 연단으로 올라서더니 윤치호에게 발언 중지 명령을 내렸다. 경찰은 "고아원 경영이라는 것이 일본 정치의 잘못을 폭로하는 것에 다름 아니다"라며 그에게 1개월 구류 처분을 내렸다. 이런 남편을 위해 치즈코는 기도드릴 수밖에 없었다.

한편 중일전쟁을 일으킨 일본은 중국이 화북 지방의 5개 성만 내주면 더 이상 전쟁을 확대하지 않겠다고 선언했다. 이에 대해 중국은 그 5개 성은 줄 수 없다며 거절했고, 1937년 12월 난징이 함락되자 영국과 미국이 중재에 들어가 장제스 총통을 설득하여 휴전하게 되었다. 그런데 그해 12월 12일, 일본군은 항복한 약 30만 명의 중국 군인들을 양쯔 강 연안의 철조망에 가두고 사살했다. 희생된 이들 가운데는 민간인도 있었는데, 일본군은 시체에 석유를 뿌리고 불을 질러 태워서 양쯔 강에 던졌다. 이들 시체는 드넓은 양쯔 강을 뒤덮을 지경이었다. 이것이 바로 일본군의 난징 대학살 사건이다.

장제스 총통은 격노했다. 그리고 끝까지 항전하겠다며 성명을 발표했다. 영·미 양국도 "우리도 지원하겠으니 포악한 일본을 응징하라"며 격려했다. 전쟁은 확대되어 갔다.

일본은 단기전을 예상했으나 장기화되었다. 물자도 식량도 궁핍해졌다. 그럼에도 무모한 국수주의자들은 아시아 전역의 정복을 계획하고 이를 실행하기 위해 흥아원(興亞院) 설치를 주장했다. 우가키(宇祖) 외상은 이에 반대하고 사임했다.

일본은 1939년 11월에는 '미곡강제매입령'을 공포하고 시행했다. 일본의 농가조차 쌀농사를 지으면서 쌀밥을 먹을 수 없는 현상이 벌어졌다. 하물며 조선 농민이 얼마나 힘든 생활을 했는지는 상상하기 어렵지 않다.

상황이 이러하니 고아 구제 사업은 관청에서도 살필 여유가 없었다. 따라서 공생원 운영의 어려움은 이루 말로 형언할 수 없을 지경이었다.

이런 상황 속에서 치호 부부에게 정말 놀랄 만한 기적이 일어났다. 치즈코가 몸에 이상을 느껴 의사에게 진단을 받은 결과 임신으로 판명된 것이다. 치즈코는 도저히 믿을 수가 없었다.

원래 기독교는 '불임의 여자가 아이를 낳았다는 것부터 시작한 종교'라 해도 과언이 아니다. 아브라함의 처 사라는 불임의 여자였으나 90세가 되어 아들 이삭을 낳았다. 이삭의 처 리브가도 불임의 여자였지만 이삭의 기도로 에서와 야곱을 낳았다. 마노아의 처도 불임의 여자였지만, 하나님께 간절히 기도하여 삼손을 낳았다. 한나도 불임의 여자였지만 하나님께 기도하고 사무엘을 낳았다. 요단강에서 예수에게 세례를 준 요한의 어머니 엘리사벳도 불임의 여자였다. 그러나 남편 사가라의 간구로 요한을 낳은 것이다. 주 예수의 어머니 마리아는 처녀로 잉태했다. 인간의 불가능에 대한 하나님의 가능을 증명한 것이다. 그것이 기적이다.

치즈코는 난소 하나를 잘라 냈다. 그래서 의사는 '아이를 낳기란 거의 어려울 것'이라고 진단했다. 그런데 임신한 것이다. 부부는 물론 양가의 어머니도 기뻐했다.

1940년 6월 7일, 장녀가 태어났다. 부부는 이름을 청미(淸美)라고 지었다. 다카오 선생도 매우 기뻐하며 성경 구절을 인용하여 축하해 주었다.

자식들은 여호와의 기업이요, 태의 열매는 그의 상급이로다(시편 127편 3절).

"아이들은 하나님이 주신 선물이네. 하나님께서 주신 것으로 믿고 소중하게 키우게."

치호 부부가 유달산 기슭에 공생원의 새 집을 지었을 때인 1942년 10월 8일, 장남이 태어났다. 그래서 복 있는 아기라며 치호는 기뻐했다. 부부는 기독교의 '기(基)' 자를 따서 기(모토이)라는 이름을 붙였다. 아이들은 가정에서 천사다. 부모에게 아이들의 미소는 어떤 꽃보다 아름답고, 어떤 훌륭한 가수의 음성보다도 뛰어난 음악처럼 들린다. 특히 치즈코는 아이를 낳지 못하리라 생각하고 있었는데 아이가 둘이나 생기니 주님에 대한 감사의 마음이 넘쳐 아이의 얼굴을 바라보면 저절로 미소가 나왔다.

그런데 이때부터 원생들의 시선이 차갑게 변해 갔다. 지금까지는 "어머니, 어머니!" 하고 가까이 다가왔건만, 왠지 남처럼 행동을 했다. 치즈코가 아이들에게 적극적으로 다가가도 아이들의 마음은 열리지 않았다. 치즈코는 그 까닭을 알 수 없었다.

어느 날, 밖에서 기저귀를 널고 있는데 몇몇 아이들이 안에서 떠들며 아야기하는 소리가 들렸다. 생각지도 않던 이야기였다.

"청미랑 기는 좋겠다……"

"당연하잖아, 친자식이니까."

"그럼 아버지, 어머니가 우리를 친자식이라고 한 건 거짓말일까?"

"할 수 없잖아, 우리는 고아니까."

치즈코는 깜짝 놀랐다. 아이들의 이야기는 그녀의 심장에 비수를 들이대는 듯한 충격을 주었다. 그랬구나, 아이들의 차가운 시선에는 그런 이유가 있었구나. 나의 생각없는 행동이 아이들의 마음을 얼마나 아프게 했을까……, 그녀는 속으로 말했다.

'하나님, 죄송합니다. 저도 모르는 사이에 아이들을 편애했습니다. 이 아이들이 얼마나 외로웠겠습니까? 제 잘못을 용서해 주세요.'

그리고 그날, 치호가 돌아오자 그 이야기를 하고 그날 밤부터 청미와 기, 두 자녀를 원생들과 함께 지내게 했다.

신앙의 아버지 아브라함은 하나님께 시험을 당한 적이 있다.

네 아들 네 사랑하는 독자 이삭을 데리고 모리아 땅으로 가서 내가 네게 일러 준 한 산 거기서 그를 번제로 드리라(창세기 22장 2절).

아브라함은 사랑하는 독자 이삭을 번제로 죽여 불로 태우려 할 때 하나님의 음성을 들었다. 하나님을 얼마나 경외하는지 시험하셨다는 것이다.

이때 치즈코의 심정은 아브라함에 미치지는 못했다 하더라도 그에 버금갔을 것이다. 후일 장남 기는 "어머니는 친자식이나 고아나 모두 똑같이 대해 다른 어머니들과 같은 사랑은 별로 받지 못했던 것 같다"고 회상했다.

고아들은 공생원에서 함께 생활하면서도 성격이 각기 다르다. 예를 들면 희덕이는 모든 아이들의 대장 노릇을 하면서도 치호나 치즈코에게는 반항심을 보였다. 의리가 있어 아이들 사이에는 인기가 높았지만 한번 마음을 건드리면 꿈쩍도 하지 않는 고집이 있었다.

이영덕(李英德. 가명)은 목포 교외에서 소작인의 아들로 태어났다. 그 무렵 아버지가 경작하고 있는 논밭의 지주가 일본인 고리대금업자에게 토지를 빼앗기게 돼 소작할 논밭이 없어졌다. 영덕의 부모는 생활이 어려워지자 아들을 할머니에게 맡기고 일본으로 떠났다. "생활이 안정되면 데리러 오겠다"라는 말은 남겼지만 그후 소식이 끊어졌다. 영덕은 할머니 슬하에서 자랐지만 할머니마저 돌아가시자 천애 고아가 된 것이다. 영덕이가 공생원에 올 때는 원생 중에서 가장 나이가 많았는데, 머리도 좋고 성격도 퍽 온순해 어린아이나 여자아이들을 잘 보살펴 주었다. 그래서 난폭한 희덕이도 그에게는 꼼짝 못했다. 영덕이는 일본으로 떠난 부모가 언젠가는 자기를 데리러 오라 믿고 있었다.

남상기(南尙奇. 가명)는 어부였던 아버지가 해상 사고로 사망하는 바람에 생활이 곤란해진 어머니가 세 살인 그를 공생원 문 앞에 버리고 갔다. 그는 철이 들면서부터 거짓말을 하는가 하면, 친구들의 물건을 아무렇지 않게 훔치고, 치즈코가 아무리 타일러도 전혀 반응이 없는 아이였다. 인간의 성격은 태내에서 정해진다고 하지만, 치즈코는 이 아이를 통해 태교의 소중함을 통감했다.

고성대(高成大. 가명)는 어디서 태어났는지, 부모가 누구인지도 모른다. 혼자 스스로 공생원에 찾아온 아이다. 그는 상당히 명랑한 성격이고 익살스러운 흉내를 잘 내 모두를 웃겼다. 그러다 가끔 느닷없이 사라지기도 했다. "돌아오지 않을까?" 하고 생각하고 있으면, 2, 3일 후에는 돌아왔다. 방랑기가 있는 아이였다.

송재석(宋在錫. 가명)은 치호가 광주에 갔을 때 데리고 온 아이다. 나이가 가장 어리지만 동안에 어울리지 않게 가끔씩 어른스러운 말을 해 사람들을 놀라게 했다. 원생 가운데 마스코트 같은 존재였다.

강혜옥(姜惠玉. 가명)은 목포 근처 농가에서 태어났다. 전쟁이 점점 확대되어 가면서 일제는 모든 농가에 쌀 공출 명령을 내렸다. 혜옥의 집 같은 빈농은 수확량의 대부분을 빼앗기고 아사 직전까지 가서 나무뿌리나 잡초까지 먹었다. 혜옥이 다섯 살 때, 가족들은 독버섯을 먹고 중독돼 모두 사망했다. 혜옥이만 먹지 않고 살아서 공생원에 보내졌다. 혜옥은 생각이 깊고 착한 아이로, 치즈코의 일을 많이 도와주었다. 특히, 노래를 좋아하고 목소리도 예뻐 원생들을 즐겁게 해주었다.

같은 원에서 생활하고 같은 환경에서 자라도 사람은 같을 수 없었다. 치즈코는 두 친자식을 원생들과 함께 지내게 할 정도로 열심히 노력했지만 그 노력이 통하지 않은 것 같아 절망에 빠질 때도 있었다.

　원생들이 가장 바라는 것은 부모의 애정이었다. 원생들은 치즈코의 사랑을 독점하려고 경쟁하기도 했다. 그래서 치즈코는 어느 아이에게나 공평하게 대했고, 화가 나도 큰소리치지 않았으며, 칭찬도 자제했다. 치즈코는 자신의 진심이 원생들에게 통하지 않는 것 같아 마음이 아팠다.

　1941년 12월 8일, 일본군은 진주만을 공격함으로써 패망의 길로 들어섰다. 처음에는 승승장구했지만 곧 전세가 역전돼 이듬해 8월이 되자 미군이 남태평양의 과달카날 섬에 상륙하면서 일본군이 밀리기 시작했다. 1943년 4월, 일본 연합함대 사령관 야마모토 이소로쿠(山本五十六)는 그가 탄 비행기가 솔로몬 군도 상공에서 미군기에게 격추돼 죽었다. 같은 해 5월에는 아츠 섬에 있던 일본군이 전멸했으며, 11월에는 마킨과 다라와 두 섬에 주둔하던 일본군이 전멸했다. 그다음 해인 1944년 7월, 사이판 섬의 일본군이 전멸하고 같은 해 10월 레이테 섬의 일본군이 역시 전멸했다. 전함도 항공기도 절반을 잃었다.

　그 무렵 일본 정계에는 '대정익찬회(大政翼贊會)'라는 정치단체가 결성돼 조직화되었다. 국회의원도 '익찬회' 출신이 아니면 선거에 나갈 수 없었고, 국민들도 통제에 따르지 않으면 '비국민(非國民)'으로 탄압받았다.

　학생은 학교를 버리고 전쟁에 동원되거나 군수 공장에 보내지고, 여학생까지 근로 봉사에 소집되어 일본 전역은 전쟁의 회오리

바람에 휩쓸리고 있었다.

　조선에서도 1941년 '해군작업 애국단'의 이름으로 3만여 명이 인도네시아 등지의 남방 토목 작업장에 보내졌다. 육군도 '북방군 경리요원'으로 7,061명을, '미·영군 포로 감시 요원'으로 3,223명을, '운수요원'으로 1,320명을, 이 밖에도 일본과 중국 본토, 남태평양 등지에 '군사요원'이라는 명목으로 많은 사람들이 끌려갔다.

　1942년 5월에는 조선에도 징병제를 실시하게 되어 1944년 9월까지 32,285명이 징병됐다. 이들 가운데 2,142명이 전사하고 735명이 행방불명되었으며 영양실조에 걸리거나 굶어 죽은 이는 셀 수 없을 정도였다. 일본 본토, 홋카이도, 사할린 등지에 탄광·토목 공사 등으로 동원된 사람은 약 40만 명이나 되었다. 더구나 1944년에는 약 20만 명의 장정이 징병검사 대상이 되었는데, 전쟁이 장기화 되었다면 이들 상당수가 전사했을 것이다.

　히로시마의 군수 공장에도 그들 가운데 많은 사람들이 징용으로 끌려왔는데, 원폭 희생자는 일일이 헤아릴 수조차 없다.

　사할린에 끌려간 징용자들은 전후, 일본인은 본국으로 돌아갔지만 한국인은 지금도 돌아오지 못하고 조국을 그리워하며 러시아인들에게 혹사당하고 있다.

　특히 한국의 미혼 여성 약 10만 명을 '여자 정신대'로 해서 일본군의 위안부로 전쟁터에 동원해 정조를 유린하고는 전쟁이 끝나자 그녀들을 현지에 버렸다.

　사상 탄압으로는 조선어학회 사건이 있었다. 이 사건은 조선 학자들이 조선어를 집대성, 《한글 대사전》을 출간하기 직전에 그 중

견 간부가 치안유지법으로 체포된 것이 계기였다. 조선인이 조선어 연구를 하는 것은 학술 분야라 해도 안 된다는, 말도 안 되는 이유에서였다.

그래서 1942년 10월 1일, 이 사건으로 모두 28명이 검거되었다. 미국은 미·일 전쟁이 발발함과 동시에 일본어 연구를 시작했는데, 일본에서는 국내에서마저 영어 사용을 금하고 있었다.

당시 일본은 대동아전쟁을 위해 국수주의가 온 나라에 팽배했다. 천황이 세계를 지배한다는 과대망상에 빠진 때였다. 아시아를 황민화(皇民化)하는 본보기로 먼저 조선인을 일본인화하려고 광분했던 것이다.

당시 조선어학회 사건을 맡은 함흥 검사국에서는 이 사건의 공소 유지가 어렵다고 보고 12명만 기소하고 나머지는 기소유예나 불기소 처분을 내렸다. 학자들은 혹독한 추위 속에서 심한 고문을 받고, 조악한 음식에 시달렸다. 결국 1943년 12월에는 이윤녕(李允寧)이, 이듬해 2월에는 한징(韓澄)이 옥사했다. 재판 결과는 징역 6년에서 2년까지의 판결이 내려졌다. 그중에서 형기가 짧은 정태진(丁泰鎭)은 복역하고 장현식(張鉉植)은 무죄 선고를 받았다. 나머지 사람들은 전원 항소를 제기하여 싸웠지만 1945년 8월 13일, 항소는 기각되었다. 이틀 뒤인 8월 15일, 일본의 패망으로 모두 풀려났다.

이러한 전쟁의 와중이었으니 고아원 운영이 얼마나 곤란했을지는 상상을 초월할 지경이었다.

10. 일본의 패망과 한국의 독립

　당시 일본은 '대동아 공영권'을 만들고 맹주국이 된다는 국수주의 사상으로 무장하여 아시아 여러 나라를 백인 대신 일본이 지배해야 한다는 입장이었다. 따라서 유럽이나 미국민의 사상의 토대를 이루는 기독교는 눈엣가시였다. 일본은 기독교를 내몰고 신도(神道)를 주입하려는 방침을 세웠다.

　일본은 조선 전역에 신사를 세우고 조선인에게 참배를 강요했다. 거부하는 목사나 신도들은 체포해서 투옥했다. 일본에서도 신사참배를 거부하는 목사나 신도의 자제들은 중·고등학교에서 퇴학 당했다.

　구세군에 대해서는 종교 단체가 군대의 명칭을 쓰는 것은 월권 행위로 보고 탄압, 이름을 '구세단'으로 바꾸게 했다. 일본 성결교회는 '주 예수가 재림하여 세계의 왕이 된다'라는 믿음이 강했던 탓에 경찰은 천황에 대한 불경(不敬)이라는 억지 논리로 1942년 6월 26일 새벽, 기도드리고 있는 교회를 습격했다. 경찰은 133명의 목사들을 검거하고 교회를 강제 해산시켰다. 구속된 목사들은 심한 고문을 견디지 못하고 일곱 명이 순교했다.

이들을 조사하는 데는 오랜 기간이 걸렸는데, 겨우 공판이 시작된 1945년 3월 9일 밤부터 10일 아침에 걸쳐 미 공군의 도쿄 대공습이 있었다. 도쿄는 불바다가 되고 대법원도 전부 불타 목사들의 예심조서도 재가 돼버렸다. 일본 법에는 같은 피고에게 두 번의 예심 조사를 하지 못하게 돼 있었다. 그래서 검찰은 목사들을 처벌하기 위해 '치안유지법'까지 개정했는데도 목사들을 더 이상 조사할 수 없었고 따라서 구형도 불가능해졌다.

목사들은 결국 면소(免訴) 판결을 받아 그동안 구치되어 있던 스가모(巢鴨) 형무소에서 석방되었다. 그리고 얼마 되지 않아 일본이 패전하자 도조 히데키(東條英機)를 비롯하여 전쟁을 이끈 사람들이 목사들이 갇혀 있던 바로 그 스가모 형무소에 들어가게 되었다. 이들은 전범으로 몰려 곧 처형되었다. 정말로 하나님은 살아 계신 것이다.

전쟁 말기 일본의 대도시는 미군의 폭격으로 거의 허허벌판으로 변해 있었다. 그리고 8월 6일 아침 8시 15분, 최초의 원자폭탄이 히로시마에 떨어져 도시는 폐허가 되고 20만 명이 사망했다. 계속해서 8월 9일, 두 번째 원자폭탄이 나가사키에 떨어졌다.

그날 새벽녘, 일본과 불가침조약을 맺은 소련이 돌연 연합군에 가담해 참전하여 일본군을 공격하기 시작했다. 그러자 일본 정부는 라디오나 신문을 통하여 '본토 결전', '1억 총옥쇄(玉碎, 목숨을 바침)'를 호소했다. 이렇게 되자 일본 군부에서도 "포츠담 선언을 받아들여 항복하자"는 쪽과 "끝까지 항전하자"는 쪽으로 갈리게 되었다. 전쟁을 계속하자는 항복 반대파는 천황의 항복 방송이 담긴 녹음테이프마저 찬탈하려고 광분했다. 그러나 8월 15일 정오, 항복 방송이 라디오로 흘러나오자 일본의 패망은 현실이 되어 전쟁이 끝났다.

중국에서는 1931년 9월 18일, 일본군이 만주의 유조구를 폭파한 이래 전쟁이 끝날 때까지를 '15년 전쟁'이라고 부른다.

성경이 경고한 것처럼 "뿌린 대로 거둔다"는 말은 진리다. 일본의 대도시는 거의 불타 폐허가 되었으며, 민간인과 군인을 합하여 수백만을 죽음으로 몰아넣고 항복한 것이다.

일본 정부는 학도병이라는 이름으로 조선의 젊은이들을 전쟁터로 내몰았으며, 아무것도 모르는 순진한 처녀들을 일본군 위안부로 끌고 갔다. 그중에는 공장에 취직시켜 준다고 꼬드긴 경우도 있지만, 우물을 긷기 위해 나왔거나 밭두렁에서 나물 캐던 처녀를 불시에 강제로 차에 태워 잡아가는 일도 흔했다.

도시에서는 걸핏하면 야간 공습에 대비한 등화관제 훈련이 있었고, 민심은 갈수록 흉흉해져 갔다.

7월 16일, 미국, 영국, 소련, 중국 네 나라 수뇌들이 모여 일본에 항복의 기회를 주자고 결정한 이른바 포츠담 선언이 있었다.

그날, 8월 15일은 날씨가 맑았다. 목포 상공에도 구름 한 점 없었다. 아침부터 무덥기 시작했다. 치호는 상급반 아이들을 데리고 텃밭의 잡초를 뽑으려고 나서던 참이었다. 동사무소에서 "정오에 천황의 옥음(玉音) 방송이 있으니 꼭 청취하라"라는 연락이 왔다. 치호는 밭을 일구다 12시가 되기 전에 서둘러 아이들과 돌아왔다. 며칠 전 수리를 마친 라디오를 원사(園舍) 앞마당에 내놓고 원생들과 귀를 기울였다.

최근 한국인들 사이에서는 일본이 이번 전쟁에서 질 경우 독립할 수 있다는 소문이 점차 퍼져 가고 있었다. 그리고 그 시기가 이미 가까워지고 있다는 사실을 어느 정도 느끼고 있었다. 그렇지만 일본을 아는 사람들은 일본이 이처럼 무조건 항복하리라고는 생각하지 않았다. 소련의 참전과 동시에 발표된 대본영(大本營)의 '1억 총옥쇄'와 '본토 결전이 되면 최후의 승리를 거둘 때까지 싸운다'는 이야기도 한국에 전해진 터였다.

"도대체 천황이 직접 말씀하신다니 무슨 일일까?"

치즈코는 라디오를 들고 밖으로 나가는 치호의 뒤를 따르면서 행여나 하는 불안감이 엄습해 오는 것을 느꼈다.

"모두 조용히 해라. 지금부터 방송이 시작된다. 조용히 하고 들어야 한다."

치호는 라디오 스위치를 켰다. 라디오에서는 천황의 방송을 예고하는 아나운서의 목소리가 들렸다. 예고가 몇 차례 반복되더니, 이윽고 항복 조서를 낭독하는 천황의 음성이 들렸다.

"짐은 세계의 대세와 일본 제국의 현 상태를 돌아보고 비상 조치로서 시국을 수습하기 위해 충량(忠良)한 신민에게 고하노라. 짐과 제국 정부는 미,영,소,중 네 나라에 대하여 그들의 공통 성명을 수락할 것을 통고하였다. 이제는 제국 신민의 강녕과……"

천황의 음성은 떨렸다. 감정이 복받치는지 수시로 말마디가 끊기고 있었다.

치호와 치즈코는 천황의 방송 내용을 알아들으려고 온 신경을 집중했지만 잡음 탓인지 뜻이 확실하게 전달되지 않았다. 방송을 들은 사람들도 모두 전황의 말뜻을 확실히 알아듣지 못했지만 뭔가 엄청난 일이 벌어지고 있다는 느낌을 받았다. 기미가요가 울려 퍼지면서 천황의 방송은 의미가 제대로 전달되지 못한 채로 끝났다.

희덕이 큰 소리로 투덜댔다.

"제기랄! 무슨 말을 하는지 하나도 모르겠네."

다른 아이들도 희덕이와 똑같은 말을 했다.

"원장 선생님! 천황폐하가 무슨 말을 했어요?"

치호는 대답이 궁색해지자 치즈코에게 물었다. 치즈코가 고개를 흔들자 치호는 말을 지어냈다.

"천황은 전쟁이 점점 치열해지니까 모든 국민이 한 몸 한 뜻이 되어 나가자고 한 거야."

그러자 가장 연장자인 영덕이가 의심스러운 눈초리로 치호 부부에게 "정말 그렇게 말한 것입니까?" 하고 되물었다. 치호가 어쩔 수 없다는 듯, "아마 그런 내용이었던 것 같아…… 말 마디마디에서 풍기는 분위기는 말이야. 치즈코! 그렇지 않아?" 하며 동의를 구했다.

"예. 저도 그렇게 생각해요."

치호는 곤경을 벗어나기 위해 아이들에게 "자! 점심 식사들 하러 가자. 잠깐 쉬었다가 또 풀 뽑으러 가야지" 하며 재촉했다.

치호는 그렇게 말하고선 치즈코와 원장실로 돌아왔다. 치즈코가 차려온 잡곡밥을 막 입에 대려는 순간, 나도진(羅濤震)이 숨을 헐떡이며 뛰어들어 왔다. 죽교동 동장이기도 한 치호의 밑에서 서기 일을 맡고 있던 사람이다.

"윤 원장! 놀라운 소식이에요. 일본이, 일본이⋯⋯"

"뭐야! 일본이 어쨌다는 거야."

치호의 물음에 나도진이 숨을 고르며 말했다.

"드디어 그날이 왔어요. 일본이 무조건 항복을⋯⋯"

거기까지 말하다 치즈코를 보고는 말문을 닫았다.

"일본이 무조건 항복했단 말입니까?"

치즈코의 안색이 변했다. 일본의 항복이 믿어지지 않는 듯 치즈코는 진정하려 했지만 다리가 떨려 그 자리에 서 있을 수 없었다.

"헛소문이 아닐까?"

"아니에요. 도청에도 문의했으니까 정확한 정보입니다."

"그럼 아까 그 방송이⋯⋯"

치즈코는 은사 다카오 선생의 얼굴이 어른거렸다. 언젠가 선생이 말한 성경 구절이 들려오는 듯했다.

'칼을 든 자는 칼로 망한다.'

"이대로 가면 일본은 망한다"는 경고다. 하지만 그날이 현실로 다가오자 그녀는 어떤 말도 할 수 없었다. 나도진은 치호에게 밖으로 나가자는 눈짓을 했다.

"우리 조선도 이제는 독립을 했습니다."

"뭐야! 독립을……"

"그래요. 지금 길거리에서는 큰 소동이 일고 있어요. 태극기를 들고 만세를 부르는 사람들로 길거리가 미어터질 지경이에요. 경찰들도 꼼짝 못하고 있고 일본 놈들도 간이 오그라들어 떨고 있어요. 하 하 하! 조선 독립 만세!"

나도진은 만세를 부르며 돌아갔다. 치호는 나도진의 뒷모습을 보면서 자신도 어느새 만세를 부르고 싶은 심정이었다.

어떤 식으로 나라가 독립되는지 모르지만 아무튼 36년간의 속박에서 해방된다고 생각하니 기쁘지 않을 수 없었다. 이제부터는 우리 힘으로 우리 조국을 만들어야 한다.

치즈코는 어떤 기분일까? 지금까지 조선인이 걸어온 고난의 길을 오늘부터는 일본인이 걸어야 하지 않는가…….

그는 치즈코에게 돌아갔다.

"치즈코! 일본은 패망했소. 오늘부터 조선은 자유가 되어 독립하는 것이오."

치호는 흥분을 자제하며 치즈코에게 말했다.

"저는, 저는 어떻게 하면 좋을까요?"

"염려 없어요. 지금까지 해온 것처럼…… 당신은 나의 아내요. 일본이 어떻게 되더라도 우리는 부부잖소?"

치호는 치즈코의 손을 꼭 잡았다.

"여보!"

치즈코의 눈에는 눈물이 가득 고였다. 두 사람은 밖으로 나왔다. 주위에 원생들이 모여들기 시작했다.

"원장 선생님! 일본이 망했다는 게 사실입니까?"

"조선은 독립하게 됩니까?"

"그럼 일본어를 쓰지 않아도 되겠네요."

"우리 진짜 이름을 쓸 수 있겠네요."

원생들이 질문이 한꺼번에 쏟아졌다.

"모두 조용히 해라. 내 말 잘 들어야 한다. 조금 전에 방송이 잘 안 들려 자세한 것을 몰랐다. 일본은 연합국에 무조건 항복했다. 조선은 오늘부터 독립하게 되었다. 물론 일본 이름도 일본어도, 쓰지 않아도 좋다."

원생들은 기뻐서 환성을 올렸다.

"하지만 갑자기 독립이 된다 하더라도 36년간 일본의 통치를 받아 온 우리는 진정으로 독립할 때까지 여러 가지 어려움이 있을 것이다. 하루속히 훌륭한 나라가 되도록 모두가 힘을 합해야 한다. 알겠지?"

입을 다물고 치호의 이야기를 듣고 있던 원생들은 치호의 말이 끝나자 일제히 큰 소리로 "예" 하고 대답했다. 한 원생이 물었다.

"원장 선생님! 일본인은 어떻게 됩니까?"

치호는 대답을 망설이며 치즈코 쪽을 쳐다보았다.

치즈코는 원생들 앞에 나섰다. 여느 때와 다름없이 조용조용히 이야기를 시작했다.

"저는 일본인이에요. 일곱 살 때 부모님과 목포에 와서 살게 되었어요. 그러니까 여러분이 태어나기 전부터 유달산을 바라보며 아름다운 고하도와 다도해를 보며 살아 왔습니다. 그러나 이제는 더 살 수 없게 되었습니다. 일본은 36년간 여러분의 나라를 통치했지만 결코 바람직한 정치를 했다고 보지 않습니다. 그 때문에 많은 사람들이 죄 없이 고통받은 사실을 저는 잘 압니다. 저는 부족하나마 여러분의 어머니로서 노력을 다해 왔어요. 앞으로 일본인은 어떻게 될 것인지 물었지요. 우리 일본인들은 일본으로 돌아갑니다. 그때는 원장 선생님과도 여러분과도 헤어지게 될 거예요."

"치즈코!"

치호는 참을 수 없어서 뭔가 이야기하려고 했다. 그러나 치즈코는 미소 지으며 말을 계속했다.

"오랫동안 이 나라에 폐를 끼친 일본인의 한 사람으로서 여러분께 사과드려요. 그리고 오늘의 독립을 마음으로부터 축하해요."

"선생님, 일본으로 가시면 안 돼요!"

"저는 선생님과 헤어지기 싫어요!"

"저도……."

원생들은 치즈코 앞으로 몰려왔다. 그때 해안 쪽에서 파도가 밀려오는 것처럼 동네 사람들의 우렁찬 소리가 들려왔다. 유달산 언덕에서도 "대한독립 만세!" 소리가 메아리쳐 왔다. 기쁨을 감출 수 없는 동네 사람들은 손에 손에 태극기를 들고 거리로 뛰쳐나갔다. 원생들도 웅성거렸다.

"모두 가서 마을 사람들과 만세를 부르고 오너라."

치호의 말에 원생들은 일제히 "와아" 하며 달려나갔다.

"여보! 저는 당신 나라에 이런 날이 오길 기다렸어요. 그런데 막상 이날이 되니 기뻐해야 할지, 슬퍼해야 할지 잘 모르겠어요. 저는 정말 당신의 부인이 되려고 노력했어요. 기독교인의 입장에서도 가난한 사람이나 학대받는 사람 편에 서서 이해하려고 노력했어요. 그런데 이 즐겁고 기쁜 날 저는 왜 모든 사람과 함께 만세를 부르지 못하는 걸까요. 역시 제 몸에는 일본인의 피가 흐르고 있어서 그런 걸까요?"

"치즈코! 됐소. 당신은 일본인이지만 내 부인이오. 당신이 나를 얼마나 사랑하는지 알고 있소. 나도 마음속에서부터 당신을 사랑하고 있소."

"저, 지금도 치즈코여야 하나요? 저는 언제까지나 당신의 부인이고 싶어요. 이제부터라도 조선 이름으로 불러 주세요. '천학자(千鶴子)'라고 말이예요. 설령 이 나라가 저를 추방한다 하더라도 저는 영원히 당신의 부인일 거예요."

치즈코의 볼에는 어느새 눈물이 흘러내리고 있었다. 치호는 치즈코의 두 손을 꼭 잡았다.

"그래. 당신은 이 순간부터 이름이 학자야. 누가 뭐라 해도 나는 학자를 놓치지 않을 거야."

"여보! 감사해요. 당신 나라에는 '여필종부(女必從夫)'라는 말이 있지요. 일본에도 비슷한 말이 있어요. '여자는 남자를 좇지 않으면 안 된다'고요. 저도 오늘 같은 날이 오기를 손꼽아 기다렸어요. 그렇지만 일본이 패망했다고 하니 서글퍼지는군요. 왜 하나님은 자신이 창조한 인간들이 서로 증오하고 싸우게 하셨을까요?"

치즈코는 이어 치호에게 "당신도 원생들을 좇아서 만세를 부르러 나가시라"고 권했다.

"그럼 곧 다녀올 테니……."

치호는 아이들의 뒤를 쫓아갔다. 치호의 뒷모습을 보면서 치즈코는 한편으로는 슬픔을 느꼈다. 옆에서는 청미와 기가 손을 잡고 치즈코를 쳐다보고 있었다.

'원생들과 늘 함께해 왔는데 지금은…… 어린 마음에도 어머니의 일이 걱정되는 것일까?'

"청미야! 기야!"

"어머니!"

둘은 달려와서 치즈코의 품에 안겼다.

"조국의 패망이라는 역사의 큰 물결 속에 우리 모자는 앞으로 어떻게 하면 좋을지……."

치즈코는 두 아이를 힘껏 품에 안았다.

멀리서 "대한독립 만세!" 소리가 계속 들려왔다.

감격의 순간이 지났다. 그날 밤, 학자는 일본인 주거지 근처에 있는 어머니 하루의 집을 찾았다. 어머니의 집 대문에는 조산원 간판마저 내려져 있었다. 한참 문을 두드리니 어머니가 나왔다. 어머니 얼굴은 무척이나 어두웠다.

모녀는 밤이 깊도록 장래에 대해 얘기를 나누었다. 어머니는 딸의 결혼을 승낙하면서 오늘의 사태를 예견했었다. 귀국편이 마련되는 대로 혼자 귀국하겠다고 했다.

"어머니! 그이는 저에게 이 나라에 머물라고 하는데 어떻게 하면 좋겠어요? 원생들도 한결같은데……"

"지금 와서 새삼스럽게…… 이런 일은 처음부터 예상하고 있었잖니? 나 혼자 고치에서 지내기는 좀 적적하겠지만 치즈코는 결혼식에서 서약한 것처럼 남편을 따라야 해. 예수님도 말씀하셨잖니. '그 둘이 한 몸이 될지니라'. 하나님이 하나로 합친 것을 인간이 다시 둘로 떼어놓는 것은 하나님의 뜻에 어긋나는 거야. 나는 걱정할 필요 없어. 치즈코는 치즈코의 길을 가도록 해. 그것이 하나님의 뜻일 거야."

학자는 이날 밤을 어머니 곁에서 보냈다.

이튿날 오후, 학자는 다카오 선생 댁을 방문했다. 다카오 선생의 표정은 뜻밖에 밝았다.

"학교가 방학 중인데 오늘 긴급 회의가 열렸어. 문을 닫기로 결정한 거야. 신사참배를 거부했다고 일본이 이 나라의 미션 스쿨에 폐교령을 내렸는데 뿌린 씨를 거두고 있는 거나 마찬가지야. 일본은 비록 전쟁에 졌지만 지금이라도 잘못을 뉘우친다면 전화위복이 될 수도 있어. 그건 그렇고 치즈코의 앞날에 시련이 많겠구먼."

"선생님! 저는 이 나라에 머물기로 했어요. 제 결정이 잘못된 건 아니지요?"

"천만의 말씀이야. 올바른 결정이지. 치즈코에게는 윤 원장이라는 든든한 남편이 있으니 걱정할 게 없어. 물론 어려운 일도 많을 거야. 그러나 하나님은 모든 일을 배려하고 계시니 열심히 기도드리거라. 난 곧 귀국할 예정이야. 언제나 치즈코를 위해 기도하마."

11. 친어머니가 되어

　　해방의 들뜬 분위기 속에서도 공생원은 하루하루 끼니를 해결하느라 분주했다. 학자는 여전히 수십 명 고아의 어머니이자 공생원의 안주인이었다. 일본이 전쟁에 광분하고 있을 때도 공생원 원생들을 먹이고 입힐 일을 걱정하는 어머니였듯이, 일본이 패망한 현실 앞에서도 아이들을 먹이고 입힐 걱정을 해야 하는 어머니였던 것이다.
　　그러나 바깥세상의 분위기는 갈수록 험악해져 가고 있었다. 일본인들에게 그동안 학대받고 멸시당하며 살았던 한국인들이 이제는 일본인들에 대한 분풀이에 나섰기 때문이다.
　　당시 한국의 치안은 미군정청이 맡고 있었지만 지방 곳곳에 이르기에는 손이 미치기 어려운 실정이었다. 그래서 일본인들은 마음대로 거리에 나다니지도 못했다. 특히 한국 사람들에게 모질게 대했던 일본인들은 더욱 그러했다.

한국 사람들은 평소 악감정을 품었던 일본인의 집에 떼로 몰려가 대문을 부수고 일본인을 끌어내어 발로 차고 때리고 심지어 살해하기도 했다. 일본인을 집단으로 끌고 다니며 수모를 주어도 그런 일본인을 편들어 주는 사람은 아무도 없었다. 일본인 아무개가 한밤중에 끌려가서 피살당했다는 등 흉흉한 소문은 끝도 없이 떠돌았다.

"우리가 당한 만큼 돌려주는 거다."

"이번엔 너희 놈들 차례니 어디 당해 봐라."

억눌리고 빼앗기고 멸시받으며 살아온 한국 군중은 흥분한 채 살기를 번득이며 일본 사람들을 찾아다녔다.

일본인들은 부랴부랴 제 나라로 돌아가느라 정신이 없었다. 그래서 일본으로 가는 귀국선은 항상 만원이었다.

사실 한국에 올 때 대개 빈 몸이었던 일본인들은 그동안 부와 지위를 누리며 군림해 왔다. 그들이 이제는 비참한 모습으로 쫓겨 달아나고 있는 것이다. 떳떳치 못한 방법으로, 때로는 간교하고 때로는 온갖 잔인한 방법으로 한국인들에게 빼앗아 모은 재산을 고스란히 놓아 둔 채 빈손으로 빠져나가는 모습은 참혹하기까지 했다.

치호 내외는 잠을 이루지 못했다.

"어머니는 고치로 돌아가기로 하셨어요."

"그래야겠지. 당신에게는 뭐라고 하시던가?"

"말씀은 안 하시지만, 함께 갔으면 하는 눈치세요. 사회가 워낙 어수선하니까 말이에요."

"……"

"여보, 저도 가끔 괴롭고 불안할 때가 많아요."

"당신의 괴로움을 내가 왜 모르겠어? 당신이 지금 일본으로 돌아간다 해도 나는 원망하지 않겠어. 하지만 마음 굳게 먹고 이 땅에 남아 준다면…… 그렇게 결심해 준다면 나는 어떤 일이 있어도 당신을 지킬 거야. 내 마음 알지?"

"그럼요. 여보, 난 아무 데도 안 가요. 여기 목포 땅, 공생원이 내 집인 걸요."

"여보, 정말 고마워."

불투명한 미래에 대한 불안을 안은 채, 두 사람은 여전히 공생원 아이들을 먹이고 입히는 걱정에서 자유로울 수 없었다.

한편, 해방을 맞은 한국은 어수선한 가운데서도 하루가 다르게 급변하고 있었다. 1945년 8월 초, 일본의 패망이 사실상 확실해지자 조선 총독 아베는 일본이 항복한 후 한국에 살고 있는 일본인들에게 일어날지도 모르는 문제들과 앞으로 한일 관계의 원만한 해결을 위해 일본과 협력할 신망 있는 한국 사람을 암암리에 물색했다.

총독부 정무총감 엔도를 앞세워 아베가 처음 적임자로 찍은 사람은 당시 동아일보를 중심으로 뭉쳐 있는 민족주의자를 대표하는 송진우(宋鎭禹)였다. 그러나 송진우는 정권을 인수하라는 엔도의 요청을 단호히 거절했다.

그 이유는 다음과 같았다.

첫째, 일본이 전쟁에 지면 일본으로부터 정권을 인수할 이유가 없으며, 일본도 한국에 정권을 인계할 자격이 없다.

둘째, 전쟁에 져서 연합군에게 항복한 일본으로부터 정권을 인계받는 정부는 정통성이 없는 정부다.

셋째, 대한민국은 중국에 있는 임시정부의 귀국을 기다려 임시정부의 결정에 따라 행동을 통일할 것이다.

이런 이유로 송진우에게 거절당한 엔도는 여운형(呂運亨)에게 정권 인수를 제안했고, 여운형은 이를 즉시 수락했다. 그리하여 여운형은 일본이 항복을 선언한 날인 8월 15일 오전 8시부터 이미 엔도의 관저에서 협상을 했다. 엔도가 요청한 것은 자주적인 국내 치안 유지와 일본인들이 퇴거할 때까지 그들의 재산과 생명을 보호하는 것이었다.

여운형은 곧 조선건국준비위원회를 발족하고 본격적인 활동에 들어갔다. 그러나 한국은 이미 미군정 체제로 들어가 있었고, 미군정청은 그해 10월 10일 조선건국준비위원회가 수립한 '조선인민공화국'의 승인을 거부하는 성명을 포고했다. 이는 모두 11월 23일 대한민국 임시정부 요인들이 중국에서 돌아오기 전에 있었던 일들이다.

미군정청은 대한민국 임시정부마저 인정하지 않았고, 중국에 망명해서 독립투쟁을 했던 임시정부 요인들을 개인 자격으로 귀국하도록 종용했다. 김구 선생 일행이 늦가을에야 돌아온 것도 그 때문이었다.

그리고 그 해 말에 열린 미소공동위원회에서는 한국을 신탁통치하기로 결정하여 온 국민을 분노케 했다. 전국에서 신탁통치 반대운동이 일어났고, 처음에는 반대하던 좌익 진영이 돌연 찬성으로 돌아서는 바람에 좌·우익의 골이 깊어갔다. 사회는 혼란스럽기 그지없었다.

어느덧 한 해가 저물고 있었다.
이미 치즈코의 여고 시절 친구들이며 주변의 일본인들은 서둘러 일본으로 떠났다. 은사 다카오 선생도 떠났다. 치즈코는 귀국 준비를 하고 있는 어머니를 찾아갔다.
"어머니, 밖에 들리는 소문이 워낙 험악해서 걱정을 많이 했어요."
"별일 없으셔서 다행이에요."
"나야 무슨 별일이 있겠니? 그동안 산모들이 아이 낳는 것을 도와준 게 무슨 죄가 된다고……."
사실 어머니 하루는 전날 밤에도 이웃에 사는 한국 여자가 아이 낳는 것을 도왔다. 한밤중에 이웃에 사는 한국 남자가 달려와서 아내가 죽을 것 같다고 애원했다.
"암만 해도 애 낳다가 죽을 것만 같구만요. 제발 애기 엄마 좀 살려 주시오."
하루는 재빨리 준비해서 그 집으로 함께 갔다. 다행히 멀지 않은 곳이라 산모가 위험해지기 전에 다다를 수 있었다. 노련한 경험으로 산모의 상태를 파악했고, 적절히 조치해서 아이가 나오는 것을 도와주었다. 지독한 난산이었지만, 때맞춘 처치 덕분에 무사히

고비를 넘길 수 있었던 것이다.

태어난 아기는 아들이었다. 아들을 받아 안은 아버지와 할머니는 기뻐서 어쩔 줄을 몰랐다. 그들은 싱글벙글하며 아이를 씻기고 금줄을 준비했다.

"그럼 산모가 몸조리 잘 하도록 돌봐 주세요."

하루는 인사를 마치고 돌아섰다. 그러나 조금 전까지도 보이던 남편이라는 사람이 보이지 않았다.

"야가 어디 갔나?"

"됐습니다. 안녕히 계세요."

하루는 아무런 보수도 받지 않은 채 서둘러 그 집을 나섰다.

"아이고, 참말로 고맙구만요. 욕보셨소잉."

어머니 되는 사람이 민망한 듯 대문까지 따라 나왔다. 바로 그 때였다.

"엄니, 싸게 들어오지 않고 뭣 하러 일본 여자 가는 것은 배웅하고 그러시오?"

등 뒤에서 아들이 냅다 소리쳤다.

벼락처럼 질러 대던 그 남자의 말을 기억하자, 하루는 새삼스럽게 등줄기로 한기가 엄습하는 듯했다. 그 한기를 떨쳐 버리기라도 하듯 하루는 꺼내지 못했던 이야기를 딸에게 하기 위해 입을 열었다.

"얘야, 지난번에도 얘기했듯이 난 네 외삼촌들이 계시는 고치로 갈 생각이다. 그런데 너 때문에 걱정이구나."

학자는 수심이 가득한 어머니를 안심시키려는 듯 말했다.

"저야 여길 떠날 수 없지요."

"하지만 마음이 안 놓여서 그런다. 나도 네 남편이 보통 사람이 아니란 걸 잘 안다. 그러나 가정을 모르고 세상 거지들을 모두 자식처럼 돌보고 있으니 앞으로 청미와 기가 학교라도 다닐 수 있을지, 그게 걱정이다."

"걱정 마세요. 별일은 없을 거예요. 그나저나 어머니가 혼자 가시는 게 마음이 놓이지 않아서 걱정이에요."

"난 여기 남는 네가 더 걱정이다. 한국 사람들의 반일 감정이 갈수록 거세어지고 있다는구나. 내 생각에는 일단 일본에 돌아가 있다가 상황이 좀 안정된 뒤에 다시 오는 게 어떨까 싶다."

"아니에요, 전 여기를 떠날 입장이 못 되는 걸요. 그이는 모든 걸 제 결정에 맡기고 있어요. 하지만 이번에 가면 다시는 이 땅에 올 수 없을지도 몰라요. 생이별을 하게 된다면 그건 더 큰 비극이 될 거예요."

"너희 두 사람이 잘 의논해서 좋은 쪽으로 결정해 보아라. 아무튼 이 시기를 무사히 넘길 수 있어야 한다."

"알았어요. 어머니! 내일 또 올게요."

학자는 불안해하는 어머니를 두고 공생원으로 돌아가야 하는 처지가 안타까웠다.

"야, 저기 일본 여자 간다!"

등 뒤에서 야유하는 소리가 들리기에 학자는 뒤를 돌아보았다. 길가에서 옹기종기 모여 놀던 아이들 가운데서 나온 소리였다.

"우리를 쳐다보네."

"쳐다보면 어쩔 거여? 일본 놈들은 막 두들기고 잡아 죽여도 된다는데……."

"그래, 인제 모두 저희 나라로 쫓겨 갈 거래."

"우리 동네 아저씨들은 일본 순사도 패줬다. 우리 저 여자 패 줄까?"

"그래도…… 공생원 애들은 어머니라고 부르는데……."

"일본 여자보고 어머니라고 하면 공생원 새끼들도 일본 놈들이냐?"

한 아이가 학자에게 조그만 돌멩이 하나를 던졌다.

"얘들아, 그런 짓 하면 못써!"

학자는 자기 아이들에게 하듯 부드럽게 타일렀지만, 그것이 아이들의 분별없는 반발심을 더 자극한 듯싶었다.

"오라, 저 일본 년이 우리한테 덤비는 거야?"

"곯려 주자."

대담해진 아이들이 돌멩이와 흙을 던지기 시작했다.

학자는 갑자기 두려움을 느꼈다. 비록 아이들의 짓이긴 했지만, 패전국 여인으로서 처음으로 당하는 수모에 가슴이 떨려 왔다. 학자는 서둘러 그 자리를 떠났다.

"일본 년이 도망간다."

"헤헤! 우리가 일본 년을 쫓았다."

뒤에서 들리는 아이들의 소리가 징 소리처럼 귓가를 맴돌고 있었다.

어머니 집에서 돌아오는 길에 당한 이 사건은 그 후 일어난 일에 비하면 극히 사소한 일에 불과했다. 공생원에 돌아오니 머리가 굵은 아이들 몇이 하얗게 질린 얼굴로 학자를 둘러쌌다.

"엄니, 큰일났어요."

"무슨 일인데 그러니?"

아이들은 질린 얼굴에 목소리마저 떨고 있었다. 학자는 불길한 예감을 떨쳐 내며 침착하게 물었다.

아이들은 선뜻 말을 꺼내지 못하고 저희끼리 눈치를 보았다.

"얘들아, 무슨 일인지 엄마에게 말을 해야지. 어서 말해 봐라."

그러자 머리가 굵은 재균이가 조심스럽게 입을 뗐다.

"엄니, 사람들이 아버지를 죽인대요!"

학자의 가슴이 쿵 하고 내려앉았다.

"그게 무슨 말이니? 누가 뭣 때문에 아버지를 죽인다는 거야?"

학자는 비명처럼, 그러나 목소리를 낮춰 다그쳐 물었다.

"우리랑 맨날 패싸움하면서 노는 친구들이 있는데요. 그 아이들이 알려줬당께요. 어른들이 하는 소리를 들었다고요. 엄마가 일본 사람이라고 그러나 봐요."

"그 말 참말이라더냐?"

"참말인지는 알 수 없지만 그 아이들이 일부러 거짓뿌렁이로 알려 주지는 않았을 거구먼요. 오늘밤에 몰려온다고 했으니께 아버지가 오늘은 집에 돌아오시면 안 되어라."

"아버진 어디 계시냐?"

학자는 뛰는 가슴을 억누르며 남편을 찾았다.

"임기봉 목사님과 이남규 목사님이랑 시국 의논한다구 나갔는데 아즉 안 돌아오셨어라."

'이 일을 어째야 하나?'

학자는 안절부절못하며 생각했지만 묘안이 없었다. 아무에게도 도움을 청할 수 없었다. 평소 가까이 알고 도움을 받던 사람들은 거의 일본인이었던 것이다. 예전 같으면 주재소며 경찰서의 높은 사람들이 모두 일본인이었고, 순사 온다는 소리에 울던 아이도 그칠 만큼 일본 순사를 무서워하던 한국인들이었지만, 지금은 상황이 달라져 있었다. 오히려 일본인들은 한국인들의 눈에 띄지 않도록 몸을 사려야 했고, 고국으로 도망하기에 바쁜 판이었다.

학자의 마음속에는 남편에 대한 걱정과 연민이 뒤범벅되었다. 남편은 살의를 품은 이웃들이 있는 줄도 모르고, 해방된 조국을 재건한다며 발이 닳도록 뛰어다니고 있었던 것이다.

이제껏 그는 버려진 고아들을 모아서 그리스도 정신으로 먹이고 입히는 일에 청춘을 바친 사람이다. 거지대장 소리를 들어가며 고아들의 아버지가 되어 살아 온 윤치호의 고생을 모르는 사람은 없었다. 누군가가 윤치호에게 살의를 품었다면 그것은 오로지 일본인 여성을 아내로 맞았다는 그 한 가지 이유임이 분명하다는 생각이 들자, 학자는 남편이 너무나 가여워서 눈물을 삼켰다.

"어머니, 우리가 목포 시내를 다 뒤져서라도 아버지를 찾을 거예요. 사람들이 아버지 해치려고 하니까 오늘밤에는 집에 오시지 말라고 일러 드릴께요. 아직 해 지려면 멀었으니 걱정 마세요."

"너희들은 저기 큰길까지 나가 있다가 아버지 만나면 싸게 애기해야 한다."

"알았어, 형 걱정 말고 아버지를 꼭 찾아서 얘기해 드려."

희덕이와 재균이는 자기네끼리 조를 짜고 패를 나눴다.

"나도 같이 나가서 찾는 게 어떻겠니?"

"안 돼요. 어머니는 집에 계시는 게 안전하다니까요. 어머니를 지키는 아이들은 따로 있으니 걱정 마시고, 저녁 준비나 해주세요."

"그러겠니?"

"아무렴요, 저희가 있는 한 누구도 우리 어머니 아버지한테 손가락 하나 못 대게 할 거예요."

어머니를 안심시키고 손에 손에 작대기 하나씩을 들고 나가는 아이들의 뒷모습을 보며 학자는 끝내 참았던 눈물을 흘렸다. 아이들이 어느 새 자라서 길러 준 부모의 울타리가 되겠다고 나서는 모습이 대견스러워서였다.

저녁때가 다 되었을 때, 아버지를 찾아 나섰던 아이들이 돌아왔다. 아버지를 찾아 이야기를 전하고 돌아왔다는 것이다. 초조한 마음으로 기다리고 있던 학자는 아이들을 다그쳤다.

"아버지를 모시고 올 것이지, 어째서 이렇게 그냥 돌아왔니?"

"아버지가 그냥 가라고 하셨어요. 아무 걱정 말라시며 얼른 가서 어머니 곁에 있으라고만 하셨어요."

"그래, 아무튼 말을 전할 수 있었다니 다행이구나."

학자는 마음을 진정시키며 저녁 준비를 했다. 이야기를 들은 남편이 얼마나 충격을 받았을지 생각하면 가슴이 아려올 뿐이었다.

'사랑의 하나님! 저희에게 이 어려움을 떨치고 일어설 힘을 주십시오. 부디 그 사람을 지켜 주십시오. 저 때문에 그 사람에게 불행한 일이 생기지 않도록 돌봐 주십시오.'

저녁 내내 학자는 마음속으로 기도하고 또 기도했다.

치호가 돌아온 것은 어둠이 내리고도 한참이나 지나서였다. 그때까지 긴장된 분위기 속에서 아버지가 돌아오기를 눈 빠지게 기다리던 아이들이 우르르 달려 나갔다.

"얘들아, 아버지 오셨다."

평소에는 입에 대지 않던 술을 마신 듯, 집안에 들어서며 외치는 치호의 소리에 호기가 넘쳤다.

"아버지가 너희를 위해 양식을 구해 가지고 왔단 말이야."

"여보, 제발 조용히 말씀하세요."

학자는 떨리는 가슴으로 남편을 맞았다.

"여보! 아무 걱정 말아요. 아무도 우리를 해칠 수 없어."

"그래요, 어머니. 사람들이 어머니더러 일본 사람이라고 아무리 손가락질해 싸도 우리는 어머니 편이라니까요. 아무도 우리 아버지 어머니한테 손대지 못하게 지켜 드릴 것이구만요."

주먹을 불끈 쥐고 외치는 아이들의 말에 치호 부부는 가슴이 벅차오름을 느꼈다. 그것은 버려진 고아들을 길러 본 사람만이 느낄 수 있는 감동이었다.

그날 밤. 학자에게 평생 잊을 수 없는 사건이 일어났다.

"큰일 났어요! 원장 선생님. 빨리 문좀 열어 주세요!"

원생들이 잠들어 조용한 밤에 문을 두드리는 소리에 방에 있던 치호와 학자는 불안한 모습으로 서로 바라보았다.

"누굴까? 이 시간에."

"동사무소의 나도진입니다. 큰일이 날 것 같아서 알리려 왔습니다."

치호는 문을 열었다. 나도진은 가쁜 숨을 몰아쉬며 들어왔다.

"물을…… 물을……."

치호가 물컵을 건네자 나도진은 단숨에 다 마셨다.

"무슨 일이오? 큰일이라는 게?"

"그렇게 이야기할 시간이 없습니다. 아! 부인, 빨리 피하세요! 지금 이곳으로 오고 있습니다."

치호는 나도진의 어깨를 두드리며 말했다.

"하지만 우리 부부가 나쁜 일 한 게 없지 않소. 오늘까지 이 아이들과 고생하고 살아온 것, 모두가 잘 알지 않소. 내가 잘 이야기하면 알아들을 거요."

"죄송합니다. 그들은 원장 선생님을 문제 삼고 있습니다."

"나를……"

"예, 일제시대에 일본인 부인을 얻어 단맛을 본 사람이라고요. 그런 사람이 지금도 이 동네의 동장을 하고 있어서야 용서할 수 없는 일이라고, 미안합니다. 그들이 이렇게 말하고 있습니다."

그때 "와!" 하는 소리와 함께 밖이 떠들썩해졌다.

"그들이 왔소. 빨리 피하시오."

"학자! 당신만이라도 피하시오."

"아니에요. 저는 여기 있겠어요."

"하지만……"

사람들이 어느새 공생원 정문에 들어섰다.

"야, 친일파 윤치호! 나와라!"

"일본 년하고 붙어먹는 놈, 빨리 나오너라. 이 매국노!"

"개새끼야!"

"일본 사람이 왜 아직도 안 꺼지고 있지……"

"안 가면 죽이겠다!"

입에 담을 수 없는 욕을 지껄이며 돌을 던지는 사람, 손에 든 몽둥이로 유리창을 깨는 사람 등 마치 폭도 같았다.

"기다려 주시오. 이야기하면 모두 알 것이오. 내가 나가겠소."

나도진의 손을 뿌리치며 치호가 나가자 때마침 날아온 돌이 치호의 머리에 맞았다. 치호가 쓰러졌다.

"여보!"

학자가 달려가서 남편을 껴안고 수건으로 흘린 피를 닦아 주면서 작심한 듯 말했다.

"제가 잘못했습니다. 남편에게는 죄가 없습니다. 일본인이 저지른 죄는 일본인인 제가 사과하지 않으면……"

"학자!"

치호는 아픔을 참고 일어서서 학자의 어깨를 붙들었다.

"나가려면 같이 나갑시다. 우리는 부부요."

"여보!"

학자는 가슴이 죄어와 말도 나오지 않았다. 그때 폭도화한 사람들이 문을 부수며 들어왔다. 치호는 학자를 감쌌다.

"이 매국노!"

"일본놈을 죽이자!"

사람들은 술 냄새를 풍기면서 손에 든 막대기를 휘두르며 학자를 향해 몰려왔다.

"멈춰!"

"우리 어머니다!"

"어머니를 죽이려면 우리를 죽여라!"

이렇게 외치면서 삼주, 희덕이, 금철이, 재균이가 앞에 서고 뒤따라 온 원생들이 학자 앞을 막아섰다. 생각지도 않은 아이들의 필사적인 저항에 맞닥뜨린 동네 사람들은 멈칫거리더니 "아이들이 나설 곳이 못 된다. 저쪽으로 가라! 가지 않으면 다친다!"며 고함을 질러댔다. 그래도 아이들은 전혀 겁내지 않고 모두 손 잡고 학자를 에워쌌다.

"어머니는 나쁜 사람이 아닙니다."

"우리 모두를 어머니는 키워 주셨어요."

"죽이려면 우리를 죽여요!"

"우리 어머니에게 손대지 마세요!"

겨우 걷기 시작한 세 살배기까지 동네 사람들에게 달려들었다. 학자는 아이들의 모습에 눈물을 펑펑 쏟았다.

"너희들 모두 고맙다. 나를 위해…… 고맙다……."

"어머니!"

아이들은 모두 학자에게 달려들었다. 학자는 양손을 벌리고 원생들을 안았다. 거기에는 민족도, 역사도, 정치도 없고 인간의 따뜻한 사랑만이 있었다. 이 아름다운 인간애의 광경에 치호도, 도진도, 폭도들도 손에 들고 있던 흉기를 떨군 채 멍한 모습으로 그 자리에 서 있었다.

"감사합니다. 일본 여인 다우치 치즈코는 이 자리에서 죽었습니다. 지금 살아 있는 저는 아이들이 지켜 준 몸입니다. 이 몸, 죽을 때까지 아이들을 위해 살게 해주십시오. 하나님, 남은 생애를 이 아이들을 위해 바치겠습니다."

치즈코는 이들 앞에서 굳게 맹세했다.

12. 계속되는 시련

해가 바뀌어 1946년이 밝았다. 그러나 한국의 상황은 전혀 안정되지 않고 혼란은 극으로 치닫고 있었다. 학자는 결국 일본으로 돌아기기로 했다. 남편의 고아원 일이 갈수록 힘들어져 한계에 부딛힌 것이다. 학자는 자신이 남편 곁을 떠나는 것이 고아들에게도 도움이 되리라 판단했다. 결정적인 것은 학자가 또 임신해서 목포에서는 제대로 몸을 추스릴 수 없었기 때문이다. 치호도 장모가 귀국하는 편에 같이 일본에 갔다가 상황이 나아지면 오는 게 좋겠다고 했다.

일본 귀국 편은 목포에서 기차로 부산에 가서 배로 갈아타는 것이었다. 학자는 청미와 기를 데려가기로 했다. 학자 일행이 목포를 떠난 것은 그 해 9월이다.

부부는 떠나기 전날 밤 손을 맞잡고 한없이 울었다. 그리고 하나님께 기도했다. 이튿날 치호와 원생들의 배웅을 받으며 목포를 떠난 기차는 꼬박 이틀을 걸려 부산에 도착, 이들 일가는 곧장 항구의 부두에 수용됐다.

당시 일본인들을 위한 귀국선은 부산항밖에 없어 중국이나 만주에 살던 일본인까지 부산으로 몰려들었다. 그러나 일본은 전쟁 말기에 이르러 대부분의 함정이 격침되어 화물선까지 징발하여 해전으로 내보낸 탓에 귀국선으로 쓸 만한 배가 부족했다. 그래서 일본인들은 배를 타지 못하고 부두 창고에서 몇 달씩 기다려야 했다.

임시 수용소인 부두 창고는 낮에는 한증막이었다. 밤에는 그나마 나았지만 바닥은 쌀가마니를 깔아 놓은 게 고작이어서 찬 기운이 올라와 견디기 어려웠다. 학자는 임신한 몸이어서 더욱 그랬다. 배급되는 식사도 허기를 채우기에는 부족했다.

어머니 하루는 날짜가 지나 딸이 이곳에서 출산하게 되면 어쩌나 조마조마했다.

"하나님, 도와주세요."

수용소 생활 두 달, 이들 일가는 드디어 배를 탈 수 있었다. 다카오 선생은 한 달 전에 귀국선을 탔다.

일본에 도착해 보니 거의 모든 도시가 초토화되어 있었다. 기차타기도 힘들었다. 객차마다 초만원이어서 학자 같은 임산부가 타고 내리기가 힘들었다. 드디어 고치에 도착했다.

학자는 이듬해에 여자아이를 낳았다. 이름은 치호와 얘기한 대로 향미(香美)라고 지었다. 그녀는 고치에서 친척집 방 한 칸을 빌려 어머니와 자식 등 모두 다섯 명이 함께 지냈다.

어느 날 한밤중이었다. 학자는 태어난 지 얼마 안 되는 향미를 안고 자고 있었고 어머니 하루는 청미와 기 옆에서 자고 있었다. 시계가 새벽 2시를 알렸다.

학자는 시계 소리에 일어났다. 방금 꿈속에서 본 것이 현실처럼 느껴졌다. 꿈은 목포역을 떠날 때의 광경이었다. 남편과 원생들의 모습이 생생하게 아른거렸다.

"여보! 빨리 돌아와야 해!"

"어머니, 가지 마세요……."

그러나 고치의 생활도 순탄치 않았다. 생활의 어려움도 어려움이지만 한국인에 대한 차별도 이만저만이 아니었다.

"일본 사람이라면 일본 사람과 결혼했어야지."

이렇게 수군거리는 사람도 있었다.

그러나 학자는 치호와의 결혼이 실패한 것이라고는 생각하지 않았다. 목포고녀에서 다카오 선생을 만날 수 있었던 것이나, 치호와 결혼하기로 결심한 계기였던 한동운의 출현도 하나님의 섭리로 생각되었다.

'그때 한동운은 "일본이 나쁘다고 생각한다면 왜 정부에 항의하지 않는가"라고 나에게 따졌다. 그러나 나는 그때 아무 말도 하지 못했다.'

한국이 해방된 지금, 한동운, 그 사람은 어디서 무얼 하고 있을까? 생각하면 그것이 하나의 계기가 되어 나를 인도해 주었다. 언젠가 다카오 선생이 지적한 말이 생각났다.

"일본인은 불교가 일상생활을 지배하고 있어 모든 것을 '전세의 인연'이라고 하지만, 기독교에는 이 같은 숙명관은 없고 사명감이 있을 뿐이야. 하나님께 받은 사명감 말이야. 인간은 그 사명을 위해 살아가야 하는 것이지."

그렇다. 공생원은 나의 사명의 장소다. 하나님은 사랑하는 남편을 주시고 봉사할 수 있는 아이들을 주셔서 나를 쓰셨다. 예수께서도 이렇게 말씀하시지 않았는가.

"누구든지 나를 따라오려거든 자기를 부인하고 자기 십자가를 지고 나를 따를 것이니라 누구든지 제 목숨을 구원코자 하면 잃을 것이요 누구든지 나를 위하여 제 목숨을 잃으면 찾으리라"(마태복음 16장 24-25절).

메이지 유신의 지도자 사카모토 료마는 "나라가 독립을 쟁취하려면 사명감 외에는 모든 것을 버려야 한다"고 했다. 메이지 정부는 백인의 흉내를 내어 같은 인종인 아시아 여러 나라를 식민지화하고 마침내 전쟁을 일으켜 국민을 궁지에 몰아넣은 것이다.

1947년 봄. 일곱 살이 된 청미는 고치의 유치원에 입학해서 일본 생활에 비교적 잘 적응했다. 일본말도 쉽게 익혀 갔고, 집에 돌아오면 유치원에서 배운 노래며 율동을 보여 주는 등 한창 재롱이 늘고 있었다. 그런데 아들 기는 왜 그런지 건강이 좋지 않았다. 자주 열이 올랐고, 잘 먹지도 않았다. 뭘 먹이고 나면 설사도 심했다. 학자는 점점 야위어 가는 아들을 바라보며 안타까움과 두려움을 느꼈다.

그러던 어느 날 밤, 열에 들떠 입술이 바싹 마른 채 잠들었던 기가 무슨 말인가 웅얼댔다.
"아버지, 아버지…… 목포…… 아버지……"
그 말을 들은 순간 학자는 화들짝 놀랐다.
'그랬구나, 어린 것이 아버지가 보고 싶어서, 고향 집이 그리워서 앓게 된 거구나.'
학자는 기를 품에 안고 눈물을 흘렸다. 그날 밤을 뜬눈으로 새우고 아침을 맞은 학자는 어머니에게 말했다.
"아무래도 목포로 돌아가야겠어요."
"무슨 말이냐? 아직 일본이나 한국이나 혼란에 빠져 있는데 돌아가는 건 너무 위험하다. 게다가 너는 산후 몸조리도 더 해야 하지 않니."
"아니에요, 충분히 쉬었어요. 그리고 여기서 쉰다 해도 마음이 편치 못하니 쉬는 게 아니에요. 저는 밤마다 목포 꿈을 꾸어요. 아이들 아버지 소식이 궁금한 건 물론이고, 공생원 아이들의 울음소리가 들려서 자다가도 벌떡벌떡 일어나게 되곤 해요."
"하지만 기 때문에 더 빨리 돌아가야 해요. 혹시 기가 일본 땅에서 잘못되기라도 하면 제가 무슨 얼굴로 남편을 만나겠어요? 목포로 가야겠어요."
학자의 말에 어머니의 낯빛이 어두워졌다.
"애야, 나는 네가 돌아가는 게 어쩐지 두렵구나. 해방 전에 조선 사람과 결혼한 일본 여자들 중에는 일본으로 돌아오지 못한 사람들도 있단다. 그런데 그 사람들이 지금 남편에게 버림받고 비참한 처지가 되어 조선 땅을 헤매고 있다는구나."

그 말은 사실이었다. 한국 사람과 결혼한 일본인 중에는 고국으로 돌아가지 못한 사람들이 있었다. 남편과 아이들을 두고 떠날 수 없었기 때문이다. 그런데 막상 광복이 되고 나자 일본 여자와 결혼한 한국 남자들 중에는 부인을 버린 사람들이 많았다. 그들로서는 일본 여자를 아내로 데리고 산다는 것이 쉬운 일이 아니었던 것이다. 두고두고 손가락질받아야 했고, 자식들에게까지 대물림될 것이 두려웠던 것이다. 조국에 돌아가지도 못한 채 남편에게 버림받은 일본 여자들은 그야말로 거지 신세로 전락했다.

"그런데 너는 그 땅으로 돌아가겠다는 거냐?"

"어머니, 무슨 말씀을 하셔도 제 결심은 변함없어요. 모든 것을 하나님께 맡기겠어요. 청미 아버지는 어떤 상황에서도 저를 버릴 사람이 아니에요."

"하긴 그 사람이 그럴 사람은 아니지."

하루도 딸의 생각에 동조했다. 그러나 어렵게 빠져나온 그 혼란의 땅으로 딸을 다시 보내야 하는 어머니의 마음은 착잡하기 그지없었다.

1948년, 한국은 남북으로 완전히 분단됐다. 남한은 이승만 대통령의 대한민국으로, 북한은 김일성의 조선민주주의인민공화국으로 갈렸다. 그런 가운데서도 한국의 배일 감정은 해가 지나도 전혀 수그러들지 않았다. 36년간의 치욕의 역사만큼 일본을 향한 미움도 깊어져 가는 듯했다. 이 같은 상황에서 일본 여자가 한국으로 돌아간다는 것은 그야말로 섶을 지고 불더미 속으로 뛰어드는

격이었다.

한국과 일본을 잇는 정기 항로는 없어진 지 이미 오래였다. 암암리에 다니는 밀항선이 있을 뿐이다. 학자는 한국행 밀항선을 물색하기 시작했다. 그녀는 확실히 외유내강형이었다. 겉으로는 조용하고 곱기만 해 보였지만 한번 결심한 일은 끝내 결행하는 불같은 정열이 있었다.

마침내 밀항선을 찾았다. 학자는 세 아이를 데리고 부산으로 향했다. 밀항선은 한밤중에 부산항에 닻을 내렸다. 학자는 세 아이들을 품에 안고 기도드렸다. 연락을 받은 치호는 곧 재석이 등을 부산까지 보냈다.

학자는 재석을 본 순간 남편 치호를 본 것만큼이나 반가웠다. 청미는 "재석 오빠!" 하고 달려갔다. 부산에서 목포로 가는 기차는 만원이었다. 할 수 없이 기는 짐 싣는 선반 위에 올렸다. 기는 그래도 즐거운지 마냥 웃고만 있었다.

기차가 목포역에 도착하자 치호와 원생들이 개선장군을 맞이하듯 환영이 대단했다. 치호는 몇 번이나 눈물을 글썽이며 "잘 돌아왔다"고 했다. 특히 치호는 고치에서 태어난 향미를 번쩍 안고 볼에 입을 맞추었다.

학자에 대한 원생들의 환영 열기는 이루 다 형용할 수 없었다. 학자가 떠난 2년 남짓한 동안 낯선 얼굴들도 생겼지만 모두들 반가운 표정으로 "어머니! 잘 돌아오셨어요"라며 합창했다.

'역시 내가 있을 곳은 여기구나. 이젠 무슨 일이 있어도 이곳을 떠나지 말아야지.'

학자는 새삼 다짐했다.

학자가 일본에서 돌아온 지 얼마 지나지 않아서다. 하루는 나도진이 치호를 찾아왔다. 이때까지도 치호는 죽교동 동장을 맡고 있었고 나도진도 서기로 근무하고 있었다.

"윤 원장! 실은 오늘밤에 새 동장을 선출해서 내일 정오까지 시청에 통보해 주기로 했습니다."

"그러면 오늘 선출하도록 하지."

"그런데 동민들의 분위기가 이상하게 돌아가고 있습니다. '원장은 친일파니까 이번에 교체해야 한다'며……."

"그것 참 잘되었네. 나도 너무 오랫동안 동장을 맡았으니 이번에 그만두도록 하지. 저녁 먹고 갈 테니 회의를 소집하게나."

치호는 식사를 마치고 회의장으로 향했다.

동네 사람들이 자신을 친일파라고 매도한 것에 치호는 화가 치밀었다. 일제에 대항에서 싸운 경력으로 치면 그는 누구보다 자신이 있었다. 일제 강점기에 무려 마흔여덟 번이나 체포되어 경찰에 연행되었는가 하면 임시정부 자금 모금에도 적극 참여했으며, 전도 활동을 통해 얼마나 일제를 비판해 왔던가. 불쌍한 이 나라의 고아들을 위해 지금까지 희생해 온 건 다 무엇이란 말인가. 고아원을 위해 반려자로 학자를 맞은 것이 일본인이라는 단 한 가지 이유만으로 친일파라는 말인가.

"내가 동장을 그만두면 되겠지. 좋아서 한 것도 아닌데 말야…… 여러 사람이 추천해서 할 수 없이 했는데……"

치호가 회의장에 들어서자 곧 회의가 열렸다. 사회는 나도진이 보았다.

"여러분! 잘 아시다시피 행정구역이 개편됨에 따라 동장도 새로 선출하게 되었습니다. 그러면 지금까지 동장으로 열심히 일해 오신 윤치호 동장께서 인사 말씀을 하시겠습니다."

치호가 연단에 올라 말을 꺼냈다.

"여러분! 제가 이곳 유달산 기슭에 자리 잡은 지 벌써 10여 년이 되었습니다. 옛 말에 '10년이면 강산도 변한다'고 했는데 그 10여 년을 여러분 덕택으로 무사히 지낼 수 있었습니다. 정말 감사 드립니다.

저는 그동안 기쁜 일이나 슬픈 일이나 여러분과 함께하며 지내 왔습니다. 그런데 광복이 되면서 저는 여러분의 비난의 표적이 돼버렸습니다. 제 집사람이 일본인이라는 이유만으로 친일파가 돼버린 것입니다. 그렇지만 저는 단 한 번도 민족을 배반한 일이 없습니다. 일제의 압제 하에서 불행한 어린이들을 기르고 가르치기 위해 일본인 여성과 결혼한 것밖에 잘못이 없습니다. 제 집사람은 비록 일본 여성이지만 우리 한국의 불쌍한 고아들을 위해 봉사해 왔습니다.

오늘밤 여러분 앞에 서니 일본 여성과 결혼한 것이 제 잘못인 것처럼 느껴집니다. 동장으로서 여러분을 위해 충분히 만족스럽게 해드리지 못한 점도 죄송스럽게 생각합니다. 아무쪼록 오늘밤 제 후임으로 훌륭하신 동장을 선출하시길 바라며, 그동안 여러분이 협조해 주신 데 거듭 감사의 말씀 드립니다."

치호의 인사말은 동민들에게 깊은 감동을 주었다. 확실히 치호의 동장 재임 중에 배급도 좋아졌다. 학자도 일본 여성이면서 남편에게 순종하고 동민들에게도 그렇게 겸손할 수가 없었다. 특히 고아들에 대한 봉사와 희생은 비난받을 어떤 이유도 못 되었다. 오히려 일본 여성이라고 몰아붙인 자신들이 부끄러웠다.

이때 동민들 가운데 누군가가 "윤 동장을 유임시키자!"고 큰 소리를 질렀다.

"옳소! 옳소! 윤 동장밖에 적임자가 없어."

회의가 소란스러워지자 나도진이 연단에 올라 청중을 진정시키며 절차에 따라 투표를 하자고 제안했다.

"여러분 가운데 몇 사람의 후보자를 내서 찬성하는 사람의 손을 들어 다수결로 동장을 뽑기로 합시다."

"그것 좋은데, 찬성이요."

청중 가운데 한 사람이 손을 들어 치호를 후보자로 내세웠다. 거의 모든 사람이 동의했다. 그런데 아까부터 술에 취해 못마땅한 표정으로 회의 진행을 지켜보던 박모(朴某)가 연단 앞으로 다가오더니 "이런 선거가 어디 있느냐"며 항의했다. 그는 또 치호를 향해 친일파라고 삿대질하면서 "친일파를 동장으로 앉힐 수는 없다"고 고함을 질러댔다. 치호는 한마디 변명도 하지 않았다. 그저 묵묵히 앉아 있었다.

"주의 종은 마땅히 다투지 아니하고 모든 사람에 대하여 온유하며 가르치기를 잘하며 참으며"(디모데후서 2장 24절).

"야! 뭔가 한마디 해야 할 것 아냐! 아무리 호색한 치호라 하더라도 하고 싶은 말이 있겠지."

동민 중에 아무도 만류하는 사람이 없었다. 치호가 일어서서 한 마디 하려는 순간이었다. 박모의 손이 양복 주머니로 들어가는가 싶더니 주먹만 한 돌을 꺼내 치호를 향해 던졌다. 치호가 돌을 피하려다 앞으로 쓰러졌다. 그때서야 동네 사람들이 일어나 박모를 회의장 밖으로 끌고 나갔다. 치호도 더 이상 그 자리에 있을 수 없어 공생원으로 돌아왔다. 아까 쓰러질 때 옆구리를 다친 곳이 아파 오기 시작했다.

"당신, 어떻게 된 거예요?"

"응. 별것 아니야."

옷을 벗어 보니 응혈이 있었다. 학자가 더운물을 가져와 수건으로 마사지를 하고 있는데 나도진이 문을 노크하고 들어왔다. 그는 상처가 괜찮은지 묻더니 회의 결과를 전해 주었다. 치호가 나간 뒤 거의 만장일치로 치호를 새 동장으로 다시 선출했다는 것이다.

"이제 새 시대가 되었으니 새로운 사람이 동장이 되는 게 순리인 것 같소. 난 이미 옛날 사람이고……."

"그렇지 않습니다. 윤 원장에게 돌을 던진 사람은 박모 한 사람뿐입니다. 동민들이 윤 원장을 신뢰하고 있으니 맡아 주십시오."

"동민들이 그토록 나를 신뢰해 주다니 감사합니다. 그럼 다시 맡도록 하지요."

이렇게 해서 치호는 동장을 다시 맡게 되었다.

이 무렵 사상 유례없는 집중호우가 쏟아져 홍수로 전국적으로 엄청난 피해가 발생했다. 5천여 명이 목숨을 잃었고, 수확을 앞둔 농작물은 거의 떠내려가거나 흙탕물에 잠겨 버렸다. 설상가상으로 전염병마저 창궐하여 부모 잃은 고아들이 도처에 넘쳐났다. 목포시나 인근 무안군에서도 피해가 적지 않았다. 목포시에서는 학교를 빌려 수재민과 고아들을 임시 수용했으나 한계가 있어 고아 중에서 백 명을 공생원에서 맡아 달라는 의뢰가 들어왔다.

이미 수용 인원을 넘어섰지만 치호는 이들을 받아들이기로 했다. 아직 가을이어서 큰 문제는 없었지만 식량 조달이 발등의 불이었다. 목포시는 아이들만 보내 놓고 식량 문제는 전혀 대책을 세워 주지 않았다. 홍수 피해가 크고 전국적인 데다 행정 체계가 원만히 돌아가지 않아 구호 활동이 제대로 이루어지지 못했다. 하루하루를 지탱하는 것이 그저 신기할 뿐이었다.

마침 그때 목포의 양동제일교회에서 목포 지역 기독교 총회가 열렸다. 치호는 교회에 호소하면 뭔가 길이 열릴 것도 같았다.

"하나님! 당신 앞에 불가능이란 없습니다. 이번에 꼭 목사님들의 마음을 움직여서 공생원이 처한 곤경을 면하게 해주십시오."

치호는 이렇게 간구하면서 평소 안면이 있는 이남규 목사를 먼저 찾아 공생원이 처한 어려움을 설명했다. 이 목사는 총회에 참석한 목사들에게 치호를 소개했다.

이 목사는 치호보다 여덟 살 위로, 평양신학교를 졸업했다. 1년 뒤의 일이지만 이 목사는 1948년 5월 10일 제헌국회의원선거에서 대한독립촉성국민회 소속으로 목포시에서 당선된다. 국민회는 치호가 대반동 분회 고문을 맡고 있는 단체이기도 했다. 이 목사는 당선 5개월 만인 같은 해 10월 이승만 대통령으로부터 전남지사로 발탁되는 바람에 의원직을 사퇴한다. 그는 전남지사가 된 후 물심양면으로 치호를 도와주었다.

"지금 저희 공생원은 말할 수 없는 곤경에 처해 있습니다. 이번에 전국을 강타한 홍수로 부모 잃은 고아들로 넘쳐나고 있습니다. 운동장에서 천막 생활을 하고 있는 고아들도 부지기수입니다. 지금은 괜찮다지만 곧 겨울이 닥쳐옵니다. 목사님들께 간곡히 호소합니다. 공생원에 수용된 고아들도 우리 아들딸입니다. 이들도 기회가 주어진다면 훌륭하게 자라 이 나라의 일꾼이 될 수 있을 것입니다. 이들에게 기회를 줍시다."

치호는 성경 마태복음을 인용하여 말을 끝냈다.

내가 주릴 때에 너희가 먹을 것을 주었고 목마를 때에 마시게 하였고 나그네 되었을 때에 영접하였고 헐벗었을 때에 옷을 입혔고 병들었을 때에 돌보았고 옥에 갇혔을 때에 와서 보았느니라 (마태복음 25장 35~36절).

임금이 대답하여 이르시되 내가 진실로 너희에게 이르노니 너희가 여기 내 형제 중에 지극히 작은 자 하나에게 한 것이 곧 내게 한 것이니라 (마태복음 25장 40절).

목사들은 고아들에 관한 얘기는 어렴풋이 듣고는 있었지만 상황이 그토록 심각할 줄은 몰랐다. 치호의 호소가 끝나자 이 목사가 뒤를 이었다.

"이 어려운 시국에 윤 원장 혼자에게 이 같은 무거운 짐을 지게 할 수는 없습니다. 자, 목사님들! 우리가 할 수 있는 한 윤 원장을 도와주기로 합시다."

그러자 목사들 모두가 협조를 약속했다. 목포 시내 교회는 담임 목사들의 주도로 곧 모금을 펼치기 시작했고, 덕택에 공생원 원사(園舍)를 넓힐 수 있었다. 당시 원사는 3개 동에 35평밖에 되지 않았으나 한 동이 신축되어 모두 126평으로 늘어났다.

13. 기념식

　치호는 신축 원사가 완공되자 감사 기도를 드리며 공생원의 모든 원생들이 함께 예배 드릴 수 있는 강당을 꿈꾸게 되었다. 마침 그때 공생원 앞 해안가에 범선 한 척이 난파되어 표류되어 왔다. 선체는 완전히 부서져 더 이상 항해는 어려웠지만 목재는 다듬으면 그런대로 쓸 만했다.
　치호는 이 난파선을 본 순간 아이디어가 떠올랐다. 강당을 짓는 데 쓸 수 있겠다는 생각이 든 것이다. 그는 원생들을 총동원해 난파선을 해체하여 공생원으로 옮겨 왔다.
　강당을 건축하는 일은 어려웠다. 인력은 원생들로 충당할 수 있었지만 자재가 부족했다. 후원자들을 찾아 백방으로 뛴 결과 기독교인들을 중심으로 많은 분들이 협조를 아끼지 않았다. 설계를 제외한 모든 작업이 치호와 원생들의 힘으로 이루어졌다.

60여 평 규모의 강당이 외관을 갖추어 갈 즈음인 1948년 10월 15일, 공생원은 창립 20주년을 맞았다. 이날은 치호 부부의 결혼 10주년이기도 했다. 그러나 행사를 벌일 만큼 여유가 없었다. 치호는 21주년에 행사를 크게 벌이기로 하고 20주년은 조용히 지내기로 했다.

해가 바뀌었다. 1949년 3월 21일, 학자는 둘째 아들 영화(榮華)를 낳았다. 임신이 어렵다던 학자는 어느새 2남 2녀의 어머니가 된 것이다.

그해 10월 15일. 공생원에서는 설립 21주년 기념식과 함께 강당 준공식이 있었다. 공생원이 설립된 지 21년 만에 비로소 외관이 번듯한 강당을 갖게 된 것이다.

그날 치호를 더욱 감격케 한 것은 강당 마당에 세워진 공생원 설립 20주년 기념비였다. 2미터 높이의 이 기념비는 마을 주민들과 목포 시민 가운데 뜻을 같이하는 사람들이 세워 준 것으로, 강당 준공식에 이어 기념비 제막식이 예정되어 있었다.

식은 오전 10시에 시작될 예정이었지만 9시부터 손님들이 줄을 이어 찾아왔다. 서울에서는 예술학교 원장인 김선옥(金善玉) 씨의 인솔 아래 '꾀꼬리 합창단'이 축하 공연차 내려왔으며, 목포 시내의 목사님들이 차례로 모습을 나타냈다. 10시가 가까워 오자 이남규 전남도지사 일행이 도착했다.

새 강당 앞에 서 있는 130여 명의 원생들은 온통 함박웃음이었다. 그들 오른쪽 앞에는 꾀꼬리 합창단이, 왼쪽 내빈석에는 백여 명의 축하객이 자리를 잡았다. 대반동 주민들도 잔칫집에 온 것처럼 분위기를 띄우고 있었다.

치호 내외는 중앙에 마련된 의자에 나란히 앉았다. 한복을 곱게 입은 학자의 모습은 어디로 보나 자태가 고운 한국의 어머니상이었다.

사회는 한동네에 살면서 공생원을 위해 여러가지로 마음 써 준 나도진이 맡았다. 먼저 이신호 목사가 공생원의 연혁을 소개했다.

"공생원은 1928년 당시 약관 19세이던 윤치호 전도사가 맨주먹으로 일곱 명의 부랑아들을 거두면서 시작되었습니다. 사회사업에 대한 인식도 없었고, 정부 보조금도 기대할 수 없던 그 시절, 윤치호 씨는 버려진 아이들을 먹이고 입히고 재우기 위해 백방으로 뛰어다녔습니다. 당시 목포 시민들은 그를 거지대장이라고 불렀습니다. 그러나 윤치호 원장은 어떤 경멸도 개의치 않았습니다.

그는 그리스도적인 사랑으로, 버림받은 아이들을 키우는 일에 온 젊음을 바친 것입니다. 당시 많은 사람들은 그의 숭고한 뜻을 이해하고 동참하기는커녕 몰이해와 멸시로 그를 힘들게 했습니다. 그러나 윤 원장이 정말 가슴아파했던 것은 자신이 당하는 멸시와 경멸이 아니었습니다. 주위 사람들이 공생원의 많은 어린이들을 학대하고 도둑으로 몰아 순진한 마음에 상처를 주는 일이 더욱 가슴 아팠던 것입니다. 이 같은 어려움 속에서 공생원은 네 번의 이사를 한 끝에 지금 이 대반동에 자리 잡았습니다. 단 하루도 의식주의 걱정에서 자유롭지 못한 가운데 윤 원장이 이 많은 고아들을 데리고 20년을 꿋꿋이 버텨 올 수 있었던 것은 결코 그 혼자만의 힘이 아니었습니다. 그것은 윤 원장 곁에서 더 많은 어려움을 슬기롭게 견디며 윤 원장에게 힘과 사랑의 원천이 되어 준 그의 부인 윤학자 여사가 있었기 때문입니다."

이 목사의 입에서 아내 이야기가 나오자 치호는 가슴이 뜨거워졌다.

그날은 치호 부부의 결혼 11주년 기념일이었다. 가진 것이라고는 고아들뿐인 거지대장 윤치호가 여고를 나온 일본 여성 학자를 아내로 맞이한 지 어느덧 10년이 지난 것이다.

치호의 머릿속에는 지난 시간의 일들이 주마등처럼 스쳐 지나갔다. 아이들과 살던 집이 헐리게 된 절박한 상황에서 후원자를 찾아 발이 닳도록 뛰어다니던 일, 평생 고생만 하신 어머니가 독감으로 끝내 하나님의 부르심을 받은 일, 그리고 해방과 그 후 찾아온 불안한 나날들, 아내와의 이별과 재회…… 그리고 이제 어엿하게 강당을 짓고 감격적인 준공식을 갖게 된 것이다.

"공생원 창립 21주년을 맞아 우리 모두가 뜨거운 박수로 두 분의 노고를 위로해 드릴 것을 제안합니다."

이 목사의 다소 긴 소개에 이어 힘찬 박수가 터져 나왔다.

다음으로 이남규 지사가 축사를 하기 위해 연단에 섰다. 양동교회 목사로 있다가 국회의원에 당선된 후 며칠 전 전남도지사로 부임해온 이 지사는 윤치호의 지난날을 누구보다 잘 알고 있었다. 이 지사는 안주머니에서 미리 준비해 온 축사를 꺼내고는 식장을 메운 하객들을 둘러보았다.

"여러분, 방금 이신호 목사님이 공생원의 연혁을 소개하셨지만,

우리나라가 격동의 역사를 겪는 동안 한결같이 그리스도의 사랑을 몸소 실천해 온 윤치호 원장은 나라 사랑의 애국자입니다."

이남규 지사의 치하에 치호 부부는 앉아 있던 자리에서 고개를 숙였다. 하객들 사이에서 다시 박수가 터져 나왔다.

"여러분, 우리는 아이를 기르는 일이 얼마나 힘든지 모두 잘 알고 있습니다. 윤 원장은 피 한 방울 섞이지 않은 아이들을 사랑으로 키워 왔습니다. 넉넉한 자금이 뒷받침된 것도 아니고, 제대로 갖춰진 시설을 제공받은 것도 아닙니다. 그는 맨주먹으로, 오로지 사랑과 땀과 기도로 수백 명의 아이를 키워 왔습니다. 더욱이 윤 원장을 도운 윤학자 부인의 헌신적인 사랑은 성스러운 인류애 실천의 표상으로, 우리 역사가 계속되는 한 영원히 기념될 업적이라고 생각합니다.

이제 우리는 윤 원장 부부의 숭고한 사랑의 정신을 기리며, 우리도 사랑을 실천하는 일에 다함께 나서야 할 것입니다. 끝으로 공생원과 윤 원장 부부의 사랑 속에서 자라는 원생들의 앞날에 큰 축복이 있기를 기원하며 축사를 대신합니다."

다음으로 목포 시장을 비롯한 여러 내빈들의 축사가 이어졌다. 국립중앙감화원 김락건(金樂建) 원장의 축사도 감동적이었다.

이어 '꾀꼬리 합창단'의 축하 합창이 있었다. 천상에서 울리는 듯한 아름다운 합창 소리가 가을의 여문 햇살이 내리쬐는 공생원 뜨락에 울려 퍼졌다.

이윽고 윤치호가 인사말을 할 차례가 되었다. 감격에 겨운 듯, 치호의 눈에 잠시 이슬이 맺혔다.

"오늘이 있기까지 슬플 때나 즐거울 때나, 저희와 함께해 주신 예수 그리스도께 깊이 감사드립니다."

이렇게 말을 시작한 치호는 바쁜 일들을 제쳐 두고 기념식에 참석해 준 내빈들께 간단히 인사를 했다. 그리고 그가 지금껏 공생원을 이끌어 올 수 있었던 것은 자기 부부만의 힘이 아님을 강조했다. 내빈들을 비롯한 많은 분들의 애정과 도움, 그리고 기도가 함께했기 때문에 가능한 일이었다는 내용의 인사를 하고 나서 이렇게 말했다.

"여러분, 오늘은 제게 두 가지 의미에서 뜻 깊은 날입니다. 여러분이 아시다시피 공생원 창립 21주년이 되는 날이며, 강당 준공식과 20주년 기념비 제막식이 있는 날입니다. 그리고 오늘은 아내 윤학자와 결혼한 지 10년째 되는 날입니다. 일본인으로서 헤아릴 수 없는 어려움을 극복하고 저를 따라 준 아내는 공생원의 오늘이 있기까지 저 이상의 공로자라고 감히 말씀드리고 싶습니다. 아내와 결혼한 후, 저는 공생원의 안살림을 아내에게 맡긴 채 그리스도를 전도하기 위해 밖에서 지낸 적이 많았고, 그 때문에 집사람은 여인으로서 당하는 위험이나 시련도 적지 않았습니다. 어느 때도 흔들리지 않고 공생원을 이끌어 주며 아이들 하나하나에게 사랑을 심어 준 제 아내에게 이 자리를 빌려 고마운 마음을 전하고 싶습니다."

치호가 인사하는 동안, 고개를 숙이고 앉아 있는 학자의 뺨에 감격의 눈물이 흘러내렸다.

"당신도 인사말을 드리도록 하오."

남편의 권유를 받은 학자는 손수건으로 눈물을 닦으며 가만히 몸을 일으켰다. 학자는 약간 긴장했지만 그러나 부드러운 음성으로 또박또박 자기 심경을 이야기해 갔다.

　　"여러분, 바쁘신 중에 이렇게 많이 오셔서 분에 넘치는 축하를 해주시니 고맙고 부끄러워 몸둘 바를 모르겠습니다. 사실 저는 아무 능력도 힘도 없는 약한 여자일 뿐입니다. 제가 남편의 뜻을 받들고 협력할 수 있도록 오늘날까지 저를 이끌어 주신 것은 하나님의 사랑과 여러분의 뜨거운 애정이라고 생각합니다.

　　진심으로 감사드립니다. 무엇보다도 저를 친어머니처럼 믿고 따라준 공생원의 우리 아이들에게 고마운 마음 전하고 싶습니다. 앞으로도 저희들이 더 열심히 살 수 있도록 많은 지도와 사랑을 부탁드립니다. 감사합니다."

　　학자의 인사말은 길지 않았지만, 진심이 넘쳐흐르는 한 마디 한 마디가 듣는 이의 가슴에 잔잔한 감동의 물결을 일으켰다.

　　창립 21주년 기념식이 끝나고 기념비 제막식이 이어졌다. 제막에 앞서 기념비 건립위원회 대표를 맡은 임기봉 목사가 축하 인사를 했다.

　　"먼저 이렇게 아름다운 날을 주신 주님께 감사드립니다. 그리고 공사다망하신 중에도 오늘을 축하해 주시기 위해 멀리서 왕림하신 내빈 여러분께 거듭 감사의 말씀 올립니다. 이제 제막하는 이 기념비는 이 나라의 어떤 비보다도 뜻깊은 것이라고 감히 말씀드립니다. 이 기념비는 윤치호 원장 부부가 피와 땀과 눈물로 보낸 20년을 증거하고 있습니다. 공생원을 이끌어 오는 20년 동안 윤 원장 부부는 수많은 시련을 겪었습니다. 윤 원장의 숭고한 뜻이 오해되어 주민들과 마찰을 일으키기도 했고, 목숨을 위협받기도 했습니다. 무엇보다 가슴 아팠던 것은 공생원 원생들이 마을 사람들로부터 학대받고 멸시당하는 일이었다고 합니다. 그러나 윤 원장 부부는 그 모든 시련을 묵묵히 견뎌 냈습니다. 욕하는 사람 앞에서, 돌을 던지는 사람 앞에서 오로지 고아들을 돌보는 사랑의 정신만으로 수많은 생명을 지켜온 것입니다.”

임기봉 목사의 말이 이어지는 동안 사람들은 자못 숙연한 자세로 경청하고 있었다.

“20년의 세월이 흐른 지금, 마을 사람들은 사랑을 실천하는 윤 원장 부부의 숭고한 인류애에 경의를 표하고 과거를 사죄하는 마음으로 이 기념비를 선물하게 된 것입니다. 그런 의미에서 대반동 동민의 이름으로 건립된 이 기념비는 사랑과 화해의 상징이자, 동민들이 윤 원장 부부의 희생적인 삶을 조금이라도 닮아 가겠다는 염원이 담긴 비라고 하겠습니다.”

축사가 끝나고, 동민 대표와 윤치호를 비롯한 몇몇 사람들이 흰 천이 덮여 있는 비 앞으로 나아갔다.

“자, 각자 자기 앞에 늘어진 끈을 잡아 주십시오. 그리고 제 손이 내려가는 것을 신호로 밧줄을 당겨 주십시오.”

오른손을 높이 든 임 목사가 큰 소리로 말했다. 임 목사의 오른손이 내려지자, 비를 덮었던 흰 천이 스르르 흘러내렸다. 비석에는 ‘공생원 창립 20주년 기념비’라고 새겨져 있고, 그 옆에는 ‘대반동 동민 일동’이라는 음각 글자가 서체도 선명하게 드러나 있었다.

한때는 일본인 아내를 데리고 산다며 친일파로 몰아 죽이려고 까지 했던 그 사람들이, 이제 윤치호의 20년 사회사업을 치하하고 그 노고를 위로하는 기념비를 기증한 것이다. 진실은 언젠가는 밝혀지게 마련이다.

"윤 원장, 참으로 수고가 많으셨소."

"윤 원장의 기독교적인 사랑과 의지와 뚝심이 아니었다면 누가 이 일을 할 수 있었겠소?"

코스모스가 하늘거리는 공생원 마당에서 손님들은 진심으로 치호의 업적을 치하해 주었다. 하늘이 유리알처럼 맑고 높았으며 바다는 잔잔한, 더없이 아름다운 가을날이었다.

치호 부부는 꾀꼬리 합창단의 아름다운 노래 소리가 멀리까지 퍼져 나가는 가운데 아이들을 하나씩 안으며 감격의 기쁨을 나눴다. 치호 부부의 생애에서 가장 행복하고 감격적인 순간이었다.

시련을 넘어서

사랑의 샘
The Spring of Love
愛の泉

Yun Chi Ho, a missionary, came here with seven homeless children in 1928 and stayed here until the Korean War broke out. It was hard during the war as he was with 100 and thousands of children through it. He was the one who established the Spring of Love that helped the children and orphans in need.

초지호 전도사는 1928년 7명의 집없는 아이들을 데리고 이 곳에 와서 살기 시작하였다.
6.25때 전도사가 행방불명 되고 그의 일본인 부인과 이사가 오지는 아이들이 혼자 고난을 견디며 한 많은 고아들의 어려움을 같이하였다. 이 인간을 사랑하는 것만큼이 샘도 두 분이의 사랑의 샘이며 여기서 편안하게 쉬십시오.

尹致昊伝道師は1928年 7名の身よりなき子どもたちとともに ここで生活を始めた。
韓国動乱で 尹伝道師は行方不明になり その日本人妻と子どもは 数千の孤児たちとともに あらゆる困難にも耐え忍びながら その千余名の子どもと苦労を共にした後に送りました。
今は シベリアに行っております お二人の人生よ! ここで安らかにおやすみ下さい。

사랑의 가족
The Family of Love
愛の家族

임금이 대답하여 이르시되 내가 진실로 진실로 너희에게 이르노니
너희가 여기 내 형제 중에 지극히 작은 자 하나에게 한 것이
곧 내게 한 것이니라 하시고 (마태복음 25장 40절)

14. 동족상쟁

    1950년 6월 25일 일요일 새벽, 북한 공산군은 전면 남침을 개시했다. 미리 충분히 계획된 것이어서 북한의 군사력은 막강했다. 그에 비해 남한의 군대는 무력하기 그지없었다. 정치적 혼란 속에서 무방비 상태에 있었을 뿐만 아니라, 마침 일요일이어서 전후방 군인 상당수가 휴가나 외박을 즐기고 있었던 것이다. 결국 북한군의 기습에 반격 한 번 해보지 못하고 후퇴할 수밖에 없었다.

    "남한을 해방시켜 조선민주주의 인민공화국으로 하여금 조국 통일을 성취하기 위한 전쟁"이라는 김일성의 공식적인 선언 아래 북한군은 파죽지세로 밀어붙였다.

    북한군은 3일 후인 6월 28일, 단숨에 서울을 점령했고, 7월 3일에는 한강을 넘어 남진을 계속했다.

    "전쟁이 났대!"

"북한에서 인민군이 쳐들어왔다던데, 어떻게 된 거여?"

남도 사람들은 처음 얼마간은 떠도는 소문을 귀동냥하기에 바빴다. 그러나 보름이 지나면서부터는 꾸역꾸역 밀려드는 피난민의 행렬이 남쪽 사람들에게도 전쟁을 실감케 했다.

피난민들은 한반도 남서쪽 끝인 목포까지 밀려들었다. 그들이 전하는 전황은 절망에 가까웠다. 북한군은 한 달도 채 안 되어 전라남도 광주까지 내려왔으니, 진격 속도는 실로 가공할 만한 것이었다.

이제 목포도 안심할 수 없는 지역이 된 가운데, 공생원 마당은 피난민들로 가득했다. 치호와 학자는 굶고 있는 피난민들의 식량까지 걱정해야 했으며, 부랑자와 병자들을 간호하느라 하루가 어떻게 지나는지 모르는 나날을 보내고 있었다.

"인민군이 설마 여기까지 쳐들어오지는 않겠지?"

"글쎄, 날마다 피난민이 늘어나는 걸 보면 여기도 안전하다고는 할 수 없을 것 같네."

"이미 광주까지 쳐들어왔다는 말도 있어요."

"그럼 이제 우리는 어디로 가야 산단 말인가?"

"부산 쪽이 안전하다는데……."

"이승만 정부도 그쪽으로 피신했다지 않소."

"설마 여기서 떼죽음이야 하겠소?"

사람들은 불안한 가운데 전황을 귀동냥하고 의견을 나누느라 부산스러웠다.

"선생님, 제주도로 가고 싶은데 어떻게 배를 좀 구할 수 없을까요?"

"……"

 돈 있는 사람들은 인민군이 들어오기 전에 목포를 떠나기 위해 필사적으로 치호를 붙들고 늘어졌다. 그 아수라장 속에서 치호 부부는 묵묵히 피난민들을 돌보고 있었다.

 날이 갈수록 목포 시내에도 전쟁으로 부모를 잃거나 버려진 고아들이 늘고 있었다. 이렇게 해서 공생원에 맡겨지는 아이들은 나날이 늘어날 수밖에 없었다.

 그러던 어느 날이었다. 북한군이 목포를 향해 진군하고 있다는 소식이 들려오는 가운데, 공생원 앞에 한 대의 지프가 멎었다.

 "원장 선생님, 사모님! 그간 안녕하셨습니까?"

 누군가 큰 소리로 인사하며 두 손을 벌리고 달려왔다. 국회의원 임기봉 의원이었다. 목사였던 그는 이제 목포의 국회의원이 되어 있었다. 치호는 반가움에 임 의원과 부둥켜안을 듯이 인사를 나눴다.

 "여전히 바쁘시군요."

 "그렇습니다. 그나저나 서울이 함락되었다는 소식을 듣고 임 의원님 걱정하며 기도를 많이 했는데, 이렇게 무사하신 걸 보니 안심이 됩니다."

 "허허허, 그러고 보니 제가 윤 원장님 기도 덕분에 이렇게 무사했나 봅니다. 그나저나 저와 의논 좀 하십시다."

 임 의원은 좀 서두르는 기색을 보이며 치호를 마당 한쪽으로 데려가서 은밀하게 이야기를 꺼냈다.

"함께 피난 가십시다. 제가 배를 한 척 마련했는데, 그 배에 몇 자리 여분이 있습니다. 그래서 윤 원장님 가족들을 모시러 이렇게 온 겁니다."

"……"

치호는 말을 잊은 채 한동안 임 의원의 얼굴을 바라보았다. 이윽고 입을 열었다.

"피난이라니요?"

"오늘 내일 중에 인민군이 목포까지 올 가능성이 있습니다. 그들이 들어오면 무슨 일을 당할지 알 수 없지 않습니까? 그러니 함께 가십시다."

"그러니까 지금 저보고 함께 피난 가자고 하시는 겁니까?"

"그래요, 윤 원장! 서둘러야 합니다."

"하지만, 우리 공생원 아이들을 누구에게 맡기고 제가 여길 떠난단 말입니까? 아무래도 그건 어려운 이야기입니다."

치호는 부드럽지만 단호한 결의가 밴 음성으로 대답했다. 임기봉 의원이 잠시 망설이다 말했다.

"솔직히 말하면 윤 원장의 처지가 남다르니, 저놈들에게 어떤 행패를 당할지 여간 염려되지 않아요. 그래서 내가 마련한 배에 간신히 자리 몇 개를 준비한 겁니다."

치호는 자기 처지가 남다르다는 임 의원의 말이 아내 학자를 두고 하는 말임을 잘 알고 있었다. 인민군이 친일파를 모조리 죽인다는 소문은 치호도 이미 들은 바 있었다. 하지만 그는 역시 고개를 저었다.

"임 의원님, 고맙습니다. 하지만 저는 여기를 떠날 수 없습니다. 저를 데려가고 싶으시면 우리 아이들 70명이 탈 수 있는 큰 배를 한 척 준비해 주시지요. 허허허!"

"이 사람, 지금 그렇게 한가하게 웃을 때가 아니라니까 그러네."

"압니다. 하지만 부모 잃고 버림받은 아이들을 데려다가 먹이고 입히고 길러 준 일밖에 없는 우리에게 인민군이 무슨 해코지를 하겠습니까? 오히려 상을 주면 주었지."

"윤 원장이 그렇게 생각한다면 나로서는 어쩔 수 없구려. 그럼 조심하시오. 또 만날 때까지 무사히 지내시오."

임기봉 의원은 서둘러 돌아갔다.

이튿날 마침내 북한군이 목포를 점령했다. 그들은 목포에 들어오자마자 집집마다 들러 마을 사람들의 동태를 신속하게 파악해 갔다. 어느 날 밤, 북한군 병사 두 명이 느닷없이 공생원 문을 흔들어 댔다.

"공생원이라? 뭐 하는 곳인가?"

"이곳은 부모 없이 버려진 아이들이 생활하는 일종의 고아원입니다."

"당신이 윤치호라는 자인가?"

"그렇습니다. 제가 원장 윤치호입니다."

북한군 병사는 남편 곁에서 막내아들 영화를 안은 채 불안한 얼굴로 서 있는 학자를 가리키며 물었다.

"이 여자는 누군가?"

"제 아내입니다."

"집안에는 또 누가 있나?"

"아이들이 잠들어 있습니다."

"몇 명인가?"

"174명입니다."

"뭐라고? 그렇게 많은가?"

놀란 북한군 병사의 눈썹이 꿈틀했다.

"윤치호에게 명령한다. 지금 당장 밖으로 나가라."

"어디로 가는 겁니까?"

"입 다물고 따라오기나 해."

학자는 북한군 병사를 따라나서는 남편을 다급하게 붙잡았다.

"여보!"

"염려 말고 기다리시오. 곧 다녀오리다."

그때 병사가 소리쳤다.

"무슨 말인가? 윤치호의 처도 함께 간다."

"아내는 무슨 일로……?"

치호가 당황해서 물었다.

"말이 많구나! 따라오라면 잠자코 따라올 것이지."

북한군 병사는 차갑게 말했다. 치호의 머릿속으로 수많은 상념이 뒤엉키고 있었다.

공산군이 기독교를 인정하지 않는 것은 이미 널리 알려진 사실이다. 북한군이 침략하고 나서 여기저기서 신앙을 지키기 위해 저항하던 목사와 신도들이 순교했다는 소식은 들은 바 있었다. 게다가 아내는 북한군이 그토록 이를 간다는 일본인이다.

"아이를 두고 가도록 해요."

치호가 나직하게 일렀다. 방문을 열고 품에 안은 영화를 내려놓고 돌아서는 학자의 얼굴이 슬픔에 젖어 창백해 보였다.

거리는 죽은 듯이 고요했고, 자동소총을 든 두 병사의 저벅거리는 군화 소리만이 유난히 크게 들려왔다.

"하나님, 모든 것을 당신 손에 맡기옵니다. 저희 목숨도, 공생원에 남아 있는 어린 것들의 앞날도 하나님 당신 손에 맡기옵니다."

치호 부부는 마음속으로 간절히 기도하며 어디론가 끌려가고 있었다.

15. 인민재판

　두 사람이 도착한 곳은 임기봉 의원 집이었다. 마당에는 두어 곳에서 화톳불이 소리 내며 타오르고 있었다. 그리고 언제 끌려왔는지 백여 명은 될 듯한 주민들이 겁먹은 얼굴로 쪼그리고 앉아 있었다. 주민들 중에는 간혹 여자들도 섞여 있었다.
　치호 부부를 연행해 간 병사들은 마루에 앉아 있는 장교에게 경례를 올리고 나서 보고했다.
　"윤치호 부부를 연행해 왔습니다."
　얼굴이 험상궂은 장교가 치호를 힐끗 바라보고 나서 기분 나쁜 웃음을 날리며 말했다.
　"이 자가 일본 여자와 함께 사는 윤치호라는 반동분자란 말이지? 자, 이제 시작해 볼까?"
　그의 말이 떨어지자 대여섯 명의 병사들이 달려와서 치호 부부를 향해 총부리를 겨눴다.

"에그머니!"

주민들 속에서 가느다란 신음소리, '헉!'하고 놀라 숨을 들이쉬는 소리가 들렸지만, 곧 물 뿌린 듯 조용해졌다. 한밤중에 끌려나와 느닷없는 광경에 맞닥뜨린 주민들은 공포에 떨고 있었다. 그들은 인민군과 눈이라도 마주치면 금방이라도 총알이 날아들 것만 같은 두려움에 고개를 숙이고 있었다.

이윽고 장교가 입을 열었다.

"남조선 동무들, 나는 조선민주주의 인민공화국 육군 최 중좌(중령)요. 북조선 혁명군은 김일성 동무의 위대한 영도력에 따라 가난에 굶주리고 있는 남조선 인민들을 해방시키기 위해 왔습니다. 자아, 환영의 박수를 쳐주지 않겠습니까?"

모여 있던 사람들은 저항할 수 없는 분위기를 느끼며 엉거주춤 박수 치는 흉내를 냈다. 최 중좌는 상을 찌푸리며 말했다.

"동무들, 박수 소리가 그게 뭐요? 아무리 굶주려 힘이 빠졌다 해도 박수 정도는 칠 수 있어야지. 더 힘껏 박수를 치시오. 어서!"

최 중좌의 위협적인 말에 사람들은 할 수 없이 힘차게 박수를 쳤다.

"좋소."

최 중좌는 어깨를 으쓱하고 나서 말했다.

"자, 지금부터 인민재판을 열기로 하겠소. 동무들은 여기 있는 반동분자의 얼굴을 똑똑히 보시오."

그는 사람들을 한번 훑어본 뒤, 미리 작성된 조서를 읽기 시작했다.

"지금부터 반동분자 윤치호의 죄상을 낱낱이 공개한다. 윤치호는 일제 강점기에 왜놈의 앞잡이로서 인민을 착취했고, 해방 후에는 남반부 괴뢰정권의 개가 되어 동장 일을 하면서 인민을 착취해 온 반동이다. 그뿐 아니라 그는 사악한 교리로 인민을 미혹시키는 그리스도교 광신자다."

그가 조서를 읽어 가는 동안 치호는 아득한 벼랑 앞에 서 있는 느낌이었다.

"하나님, 당신 손에 모든 것을 맡기옵니다. 모든 것을……."

치호는 한 가지 기도만을 생각하고 또 생각했다. 이윽고 조서를 다 읽은 최 중좌는 동네 사람들을 바라보며 큰 소리로 외쳤다.

"동무들, 윤치호의 죄는 이제 명명백백하게 드러났소. 반동분자 윤치호는 사형에 처해 마땅하다고 생각하오. 찬성하면 박수를 치시오."

최 중좌는 마당에 쪼그리고 앉아 있는 사람들을 싸늘하게 훑어보았다. 납처럼 무거운 침묵의 시간이 흘렀다.

"박수를 치시오!"

최 중좌가 다시 한 번 외쳤지만, 역시 박수는 나오지 않았다.

그때 누군가가 엉거주춤 손을 들고 일어섰다. 나도진이었다.

"뭐야? 찬성하는가?"

"저, 인민군 장교님!"

"그런 퇴폐적인 호칭은 당장 버리시오!"

최 중좌가 꽥 소리쳤다.

"그럼 뭐라고 불러야 하는지요?"

"군관 동무라고 부르시오."

"아, 예. 군관 동무! 혁명군은 민주적 재판을 한다고 들었습니다."

"그렇소, 그래서 지금 이렇게 공개적으로 민주적 재판을 하고 있는 거요."

"그럼 제가 윤치호 동무에 대해 한 말씀 드리겠습니다. 윤치호 동무는 우리 대반동 주민들뿐만 아니라 목포 시민이 존경하는 훌륭한 인격자입니다."

뜻밖의 말에 최 중좌의 눈썹이 꿈틀했다. 나도진은 조심스럽게 말을 이었다.

"좀 전에 군관 동무가 '윤치호가 반동이니 사형하자'고 했는데 아무도 박수치지 않은 것도 그 때문입니다. 윤치호 동무는 지금 공생원에서 수많은 고아들을 부모처럼 돌봐 주며 기르고 있습니다. 그러니 윤치호 동무에 대해 관대한 처분 바랍니다."

말을 마친 나도진이 얼굴의 땀을 닦을 때, 동네 사람들이 그의 말을 지지하는 뜻으로 일제히 박수를 쳤다.

이 뜻하지 않은 사태에 당황스러웠지만 최 중좌는 곧 여유를 되찾은 얼굴로 껄껄 웃었다.

"그 말을 듣고 보니 윤치호 동무의 능력이 상당한 것 같소. 윤치호 동무! 동무는 어떻게 생각하오?"

치호는 감고 있던 눈을 떴다.

"저, 제가……"

느닷없는 질문에 미처 대답하지 못하는 치호에게 멸시의 눈길을 보내면서 최 중좌는 한 마디 한 마디를 외치듯 말했다.

"윤 동무! 동무는 실제로 총살감이었소. 친일파에다 남조선 괴뢰정부에서 동장을 해먹고, 게다가 기독교 광신자라는 전력을 부인하진 못하겠지? 그러나 지금부터 적극적으로 우리 혁명에 가담하겠다는 결의를 보여 준다면 과거의 죄는 묻지 않겠소."

"제가 어떻게 하기를 바라십니까?"

치호가 물었다.

"윤치호 동무를 죽교동 제5지구 인민위원장으로 임명하겠소."

"저, 저를 말입니까?"

치호는 당황한 표정으로 되물었다.

"거부하면 총살이 있을 뿐이오. 그러나 윤 동무는 인민위원장을 할 능력과 자격이 있다고 생각하오. 찬성하는 사람은 박수를 치시오."

그러자 마을 사람들이 박수를 쳤다.

치호는 이것이 도저히 헤어날 길 없는 올무라는 생각이 들었다. 십자가를 지는 심정으로 이 일을 떠맡으리라 생각한 치호는 다급하게 끼어들었다.

"군관 동무! 한 가지만 말씀드리겠습니다."

"뭐요?"

"우리 죽교동에는 내가 살고 있는 공생원을 비롯해서 먹을 것이 없어 굶주리는 사람들이 많습니다. 그들에게 양식을 배급하고 선량한 양민들의 생명을 보장해 주십시오."

"물론이오. 우리 위대한 혁명군은 반동분자가 아닌 양민들을 학살하지는 않소. 그리고 식량도 배급될 것이오."

"알겠습니다. 그럼 제가 인민위원장을 맡기로 하고, 이 재판을 끝내 주십시오."

긴장된 순간에서 벗어날 수 있게 되었다고 생각한 마을 사람들 가운데서 웅성거리는 소리가 났다.

"결정은 동무가 하는 게 아니오. 이제부터 중요한 인민재판이 시작될 것이오."

"또 다른……?"

순간 치호는 등줄기를 훑고 지나가는 불길한 예감에 흠칫 몸을 떨었다. 그것은 예리한 통증과도 같은 공포였다.

"지금부터 윤 동무는 인민위원장으로서 저 일본 여자를 어떻게 처단할지 재판을 진행하시오."

눈앞이 캄캄해졌다. 웅성거리던 동네 사람들은 다시 물을 뿌린 듯 조용해졌다. 치호는 최 중좌를 똑바로 바라보며 낮은 음성으로 말했다.

"군관 동무! 이 여인은 제 처입니다."

"알고 있소. 그래서 위원장 동무에게 재판을 맡기는 것이오."

운명의 장난으로 보기에는 너무나 잔인한 현실이 눈앞에 있었다.

"위원장이 못 하겠다면 내가 하겠소."

최 중좌는 위협적인 자세를 취한 채, 치호의 갈등과 괴로움을 즐기고 있는 듯했다.

"예, 하겠습니다."

치호는 고개를 숙이고 있는 아내를 바라보았다. 이윽고 아내가 눈을 들어 치호를 바라보았다. 아내의 눈빛은 의외로 맑고 담담했다.

'우리 모든 것을 하나님 손에 맡기기로 해요!'

아내의 눈빛은 그렇게 말하고 있었다. 치호는 심호흡을 한 후 말을 꺼냈다.

"동무들, 인민재판을 시작하겠습니다. 여기 있는 윤학자를 사형에 처하는 것에 찬성하시는 사람은 박수쳐 주십시오."

치호는 두 눈을 감았다. 조용했다. 단 한 사람도 박수를 치지 않은 것이다.

"알겠습니다. 동무들은 윤학자의 사형에 모두 반대하셨습니다. 따라서 윤학자의 무죄를 선고합니다."

그때 최 중좌가 "꽥" 하고 소리쳤다.

"그 판결은 무효다. 죄상도 알리지 않고 변론도 없는 재판이 어디 있나?"

"군관 동무!, 이 여자가 일본인이라는 것 말고 죄가 또 있습니까? 이 여자가 일본인이라는 건 동네 사람 모두가 알고 있으니 다시 이야기할 것이 없습니다. 그러면 이제부터 이 여인에 대해 잘 알고 있는 제가 변론을 하겠습니다."

아내를 살리려는 치호의 노력은 필사적이었다. 최 중좌는 어이없다는 듯 침묵했다.

"동무들, 잘 아시는 바와 같이 윤학자는 일본인입니다. 그러나 그녀는 다른 일본인과는 달랐습니다. 일제시대 때부터 윤학자는 우리 공생원에 와서 고아들을 돌보는 봉사를 했습니다. 그리고 주위의 편견과 반대를 무릅쓰고 저와 결혼하여 공생원 아이들을 위해 헌신적인 노력을 기울였습니다. 만약 그녀가 조선 사람들을 멸시하고 차별했다면 왜 저와 결혼했겠습니까? 여러분은 기억하실 것입니다. 해방 직후, 일본인과 산다며 동민들 몇 사람이 우리 부부를 죽이려고 했습니다. 그때도 제 아내는 '일본이 죄를 범했으니 벌을 받는 게 당연하다'며 속죄하는 자세를 보였습니다. 그 후로는 우리 고아들을 위해 온몸을 던져 일해 왔습니다. 나는 남편으로서가 아니라 이 나라 국민의 한 사람으로서 윤학자에게 감사하고 그녀의 희생에 보답하고 싶은 심정입니다. 여러분, 일본 여자이기 때문에 윤학자를 사형시켜야 한다고 생각하는 사람이 있다면 지금 당장 박수치십시오. 그리고 그녀를 사형시키기 전에 저를 먼저 사형시켜 주십시오. 이것은 공생원에 있는 170여 명의 고아들도 같은 심정일 것입니다. 이것으로 변론을 끝내겠습니다."

절규에 가까운 변론을 끝낸 치호는 눈을 감았다. 침묵이 흘렀다. 아무도 박수 치지 않았던 것이다.

"여보!"

윤학자는 남편의 가슴에 얼굴을 묻었다. 지금 그녀의 마음속엔 군관도, 동네 사람도 의식되지 않았다. 남편에 대한 진정한 사랑뿐이었다. 마을 사람들은 그 광경을 보며 눈물을 흘렸다.

분위기를 알아챈 최 중좌는 부하에게 명령했다.

"윤 동무의 변론을 다른 동무들이 접수했으니 오늘은 이만 해산시키시오."
 명령을 받은 병사는 동네 사람들을 향해 말했다.
 "이것으로 오늘의 인민재판을 끝내겠소. 해산하시오."
 이렇게 해서 지옥과도 같은 인민재판의 순간이 지나갔다.

16. 또 하나의 시련

　북한군은 그 후 2개월 동안 목포시를 점령했다. 북한군이 점령하고 있는 동안 남한 곳곳에서는 이른바 인민재판이라는 이름하에 피비린내 나는 숙청이 자행되면서 공포정치가 계속되고 있었다. 목포 시내에서도 여러 가지 사건이 일어났으며 많은 사람들이 희생되었다. 공산당의 정책에 불만을 표한 사람은 교묘하게 색출되어 처형당했으므로, 사람들 사이에선 불신의 골이 깊어 가고 민심은 날로 흉흉해졌다.

　이런 와중에도 치호가 인민위원장직을 수행한 죽교동에서는 큰 사건은 일어나지 않았다. 그것은 치호의 지혜와 열성과 노력의 결과였다. 치호는 살얼음판 같은 상황 속에서도 공산군을 잘 달래서 동민들의 생명과 재산을 지켜 준 것이다.

　전황이 바뀐 것은 그해 가을의 일이다. 한반도에 전쟁이 터지자, 긴급 소집된 유엔 안전보장이사회에서는 북한의 무력 행사를 평화를 파괴하는 침략 행위로 규정하고, 북한에 전투 행위를 즉각 중지할 것을 요구하는 결의문을 채택했다. 하지만 북한은 이를 묵살했다. 그러자 유엔군 파견이 결정되고, 최고 지휘권을 미국에 일임하게 되었다.

유엔군 총사령관 더글라스 맥아더는 1950년 9월 15일 인천상륙작전을 감행하고 9월 28일에는 서울을 탈환했다. 전황은 급속하게 역전되었다. 부산 점령을 마지막 목표로 진격하던 공산군은 서둘러 북으로 퇴각하기 시작했다. 목포를 점령했던 북한군도 한밤중에 모습을 감추었다.

목포에 다시 국군이 들어왔다. 숨죽이고 살던 시민들은 태극기를 들고 환호하며 국군을 맞이했다. 그러나 이후 국군 특무부대(현 기무사령부)는 북한군 점령 기간에 그들에게 협력한 사람들을 색출하여 체포하기 시작했다. 이른바 '부역자 색출'이었다.

어느 고장에나 북한군에 협력한 사람들이 있었다. 그중에는 자발적으로 나서서 악질적으로 활동한 사람들도 있었지만 대부분 북한군의 강요에 못 이겨 마지못해 일한 사람들이었다.

치호도 그런 사람들의 하나였지만, 시련을 피할 길이 없었다. 치호가 맡았던 지구당위원장이라는 중책은 또 하나의 올가미가 되어 그를 옥죄어 왔다.

치호는 특무대에 구속되었다. 그가 구속되어 있는 가운데도 전황은 몇 번씩 뒤바뀌곤 했다. 유엔군과 북한군은 사투를 계속했다. 특히 맥아더의 인천상륙작전으로 남쪽에 침투해 있다가 퇴각로를

차단당한 많은 북한군은 공비가 되어 밤이면 게릴라전을 벌이고 후방을 교란하는 양상이 벌어졌다. 전국 곳곳이 이런 상황이고 보니 특무대에서는 공산군에 협력한 사람 중에 간첩이 있을지도 모른다고 의심하며 부역자들을 엄중히 조사했다.

학자는 거의 날마다 구치소에 들렀지만 남편을 만날 수 없었다. 면회가 허락되지 않았던 것이다.

어느덧 한 해가 저물고 있었다. 차가운 칼바람이 유달산 기슭을 훑어 내리는 추운 날이었다. 학자는 그날도 헛수고일 거라고 생각하면서도, 어쩌면 오늘은 면회가 될지 모른다는 막연한 기대로 구치소 앞에 서 있었다.

학자가 남편의 안위를 기도하고 있을 때였다. 문득 지프 한 대가 다가와 멎었다. 차를 피해서 돌아서는 학자의 귀에 굵은 목소리가 들려왔다.

"저어, 혹시……."

깜짝 놀라 돌아보니, 지프에서 내린 사람은 국군 장교 계급장을 단, 키가 헌칠한 군인이었다. 그는 학자 앞에 다가와 선글라스를 벗으며 말했다.

"역시 맞군요. 저를 기억하시지요?"

웃음기 머금은 눈, 일자로 다문 입술, 유난히 검은 눈썹이 몹시 낯은 익었지만, 학자는 그가 누구인지 알 수 없었다.

"저 한동운입니다. 일제시대 때 순사에게 쫓겨 공생원에 한동안 숨어 살았던……."

"아, 그 학생!"

학자는 반가움에 소리쳤다. 그제야 12년 전 일이 어제 일처럼 생생하게 떠올랐다. 치호 내외의 도움을 받으며 며칠간 공생원에 숨어 있다가 일본 형사에게 발각되어 그 자리에서 체포된 청년 한동운이었다. 그러고 보니 귀공자 티가 나던 얼굴 모습이 어렴풋이 떠올랐다.

"어머나, 장교가 되셨군요. 멋지십니다."

"그때 도와 주셔서 정말 감사합니다. 두 분 덕분에 오늘 이렇게 건강한 모습으로 살아 있습니다."

그는 서대문 형무소에 수감되었다가 사형 집행일을 불과 며칠 앞두고 해방을 맞았다.

"저는 지금 육군정보부 장교로 있습니다. 서울 특무대 사령부에 있다가 출장으로 목포 특무대에 지금 도착한 것입니다. 모두 두 분 덕분입니다."

다시 한 번 인사를 한 한동운은 빙그레 웃으며 말했다.

"그리고……."

"무슨 하실 말씀이라도?"

학자가 의아한 눈빛으로 한동운을 올려다보았다.

"그때 제가 주제넘게 실례의 말씀을 드렸던 기억이 납니다. 다시금 사과드립니다."

그러고 보니, 한동운은 치호가 그녀에게 청혼하는 현장을 본의 아니게 지켜본 사람이었다.

'대체 어느 일본 여자가 조선의 거지대장에게 시집을 오겠습니까?'

그때 한동운이 코웃음 치며 치호에게 한 말이었다.

"그 후 두 분은……"

"예, 저희는 그때 결혼했어요. 어쩌면 한 대위님 말씀 때문에 제가 결심하게 되었는지도 모른답니다."

"그러셨군요."

과거를 회상하듯 조용히 웃음 짓던 한동운의 표정이 문득 바뀌었다. 해방된 지 몇 해가 지났고, 당시의 일본인들은 모두 한국을 떠난 상황이었다. 그런데 그녀는 한국에 남아 있었다. 그것도 수심이 가득한 얼굴로 구치소 주변에서 서성이고 있는 것이 아닌가? 필시 무슨 사정이 있을 거라 생각하며 한동운이 물었다.

"그래, 윤 원장님은 안녕하십니까?"

"그분은…… 지금 이곳에 수감되어 계세요."

"예? 아니, 어쩌다 그런 일이……"

한동운이 놀라서 물었고, 학자는 그간의 일을 자세히 설명했다. 학자는 지푸라기라도 잡는 심정으로, 북한군이 침략해 왔을 때 부부가 함께 끌려가 인민재판을 받은 일, 반동분자로 몰려 총살과 지구당 위원장직 중의 하나를 택해야 했던 일, 목숨을 담보로 북한군에 부역할 수밖에 없었던 일, 국군이 들어온 후 자수한 일, 그 후 두 달이 지나도록 수감되어 있는 일, 면회조차 허락되지 않는 일 등을 이야기했다.

"일이 그렇게 되었군요. 고생이 많으셨습니다. 잠시 기다리십시오. 제가 알아보겠습니다."

학자에게는 그 순간 한동운의 말이 마치 복음처럼 들렸다. 구치소 안으로 들어갔다가 잠시 후 다시 나온 한 대위가 말했다.
"들어오십시오. 오늘은 면회를 하고 가십시오."
'아, 하나님께서 이분을 이리로 인도하셨구나!'
한 대위를 따라 구치소 안으로 들어가면서 학자는 뜨거운 감사 기도를 올렸다.
두 달 만에 아내 앞에 모습을 드러낸 치호는 몹시 수척해 있었다. 그는 그동안 수없이 유치장 신세를 졌지만, 그때마다 '예수님을 위하여'라는 당당한 명분이 있었다. 하지만 이번만큼은 괴로웠다. 왜 같은 동족끼리 남이다 북이다 갈라져 죽이고 하는지.
"여보, 얼마나 고생되세요?"
학자는 말을 잇지 못했다. 울음이 솟구쳐 올라서였다.
"내 걱정은 말아요. 당신 알잖아, 나는 워낙 유치장 생활 많이 해봐서 적응이 빠르다는 거…… 하하하!"
치호는 그 와중에도 천성적인 낙천성을 보이며 유머를 건넸다.
"당신은 어떠오? 우리 아이들은 잘 있소?"
밝게 웃으며 묻는 치호의 목소리에는 더없는 애정이 스며 있었다.
"예, 모두 잘 있어요. 저도 아이들도 건강하고요. 공생원 걱정은 하지 마세요."
학자는 여느 때보다 유난히 당당한 모습을 보여 치호를 안심시키려 했고, 치호는 그런 말 뒤에 숨겨진 뜻까지 읽고 있었다. 보고 듣지 않아도 공생원이 겪어야 하는 어려움은 치호가 누구보다 잘 알고 있었다.

사실 공생원은 끼니 해결조차 어려운 실정이었다. 전쟁 중인 데다가 원생이 200명에 가깝다 보니, 그들에게 날마다 먹일 식량을 확보하는 일은 또 하나의 전쟁이라 해도 과언이 아니었다.

승리도 패배도 없이 상처만을 준 동족상쟁의 와중에 정부에서는 복지사업 원조에 신경 쓸 겨를이 없는 것이 당연했다. 도움의 손길을 주던 독지가들도 자기 생활마저 불투명한 가운데 남을 도울 여유가 있을 리 없었다. 그런 가운데 공생원을 이끌어 가던 원장 치호는 두 달 넘게 갇혀 있었던 것이다.

남편에게 걱정 말라고 하면서도 학자는 속으로 울고 있었다. 지금까지 그녀는 날마다 발이 부르트도록 이곳저곳을 다니며 식량 원조를 부탁했다. 그것은 동냥이나 다름없었다. 사람들에게 '거지대장의 아내'로 통했지만, 그것을 부끄러워할 경황이 없었다.

어머니의 눈물겨운 노력에 아이들이 돕겠다고 나섰다.

"어머니, 우리도 양식을 구하러 나서야겠어요."

희덕이의 말에 학자는 걱정스러운 얼굴로 말했다.

"너희들이 어디서 무슨 수로 양식을 구해 온단 말이냐?"

"하지만 가만히 앉아서 어린 동생들을 굶길 수는 없잖아요. 무슨 일이든 돈을 벌 수 있는 것을 찾아보겠어요."

"희덕아, 제균아, 절대로 나쁜 짓을 해서는 안 된다. 이런 때일수록 마음 굳게 먹고 절대로 흔들려선 안 되는 거야."

"어머니, 잘 알고 있어요. 아버지도 그곳에 계시는데 저희가 잘못하면 안 되지요. 절대로 그런 일은 없을 테니 염려 마세요."

어머니를 안심시키고 아이들에게 할 일을 차근차근 설명하는 희덕이와 재균이는 믿음직스러웠다.
우선 힘을 좀 쓰는 남자 아이들은 항구와 기차역에 물건 나르는 일 따위의 일거리를 찾기로 하고, 어린아이들은 구두통을 만들어 메고 거리로 나서기로 했다. 재균과 희덕은 동생들에게 절대로 남을 속이지 말 것, 남의 돈이나 물건에 손대는 일이 없을 것을 무섭도록 강조했다.
그런가 하면 여자아이들은 일손이 필요한 이웃집에 가서 아이를 보아 주거나 밥하고 청소하고 빨래하는 일을 해주고 돈이나 양식을 받아 왔다.
학자가 남편을 면회하고 온 뒤부터 아이들은 희망에 부풀어 있었다. 몇몇 아이들은 일부러 구치소 근처에서 구두닦이를 하며 혹시 아버지를 면회할 기회가 있을까 기웃거리기도 했다. 그중에는 이제 아홉 살이 된 치호의 장남 기도 있었다. 아이들은 한 번도 아버지를 면회할 수는 없었지만, 아버지 가까이 있다는 것만으로도 위안을 받곤 했다.
겨울이 되자, 국군과 연합군이 승승장구하면서 북한 땅 깊숙이까지 진군했다는 소식이 들려왔다. 그러나 해가 바뀐 지 며칠 안 되어 전황은 다시 돌변했다. 중공군의 개입으로 연합군은 총 퇴각해야 했다. 이른바 1·4후퇴였다. 고향으로 돌아갔던 피난민들이 다시 밀려왔다. 그러나 연합군의 후퇴는 남쪽 지방까지 이어지지는 않았다. 중부전선쯤에서 밀고 밀리는 전투가 계속되었다.
그러던 중에도 아이들은 끈질기게 구치소 주변을 배회했다.
어느 날, 구치소 안을 기웃거리는 아이들의 모습이 한동운 대위의 눈에 띄었다. 사정을 알게 된 한동운이 아이들에게 치호의 면회를 시켜 주게 되었다. 아버지의 면회가 된다는 이야기를 들은 기는 갑자기 어디론가 달려가며 말했다.

"국군 아저씨, 잠깐만 기다려 주세요. 제가 빨리 뛰어갔다 올게요."

잠시 후 헐떡거리며 돌아온 기의 주머니가 불룩했다.

"아버지!"

이렇게 불러놓고 기는 더 이상 말을 못했다. 몇 달 만에 수척한 아버지 얼굴을 대하고 보니 참았던 그리움에 목이 멘 것이다.

"너희들, 잘 있었느냐? 허허, 다들 건강해 보여서 마음이 놓이는구나. 어머니도 잘 계시지?"

"예, 어머니도 잘 계시고, 형들도 동생들도 다 잘 있어요."

"공생원 식구들 날마다 밥도 안 굶고 잘 먹어요."

아이들이 저마다 한 마디씩 일러댔다.

그때 기가 주머니에서 종이봉투를 꺼냈다.

"아버지, 이거 잡수세요."

"뭐냐?"

"풀빵인데요, 제가 구두닦이해서 번 돈으로 산 거예요. 조금 전에 사서 아직 따끈따끈해요."

기의 눈이 빛나고 있었다. 치호는 그 눈을 바라볼 수 없었다. 코끝이 매워 오면서 눈물이 날 것 같았기 때문이다.

"아버지는 배고프지 않아, 너희들 먹어라."

"정말 배 안 고파요?"

"그럼, 너희들 얼굴을 보는 것만으로도 배가 부르구나!"
"히히히, 우리 얼굴이 풀빵인가 봐!"
아이들이 천진하게 웃었다.
"너 이 녀석, 아버지한테 풀빵 사다 드리려고 기다려 달라고 했구나! 이제 보니 기가 아주 효자구나."
한 대위가 기의 머리를 쓰다듬으며 말했다.
그날 공생원에서는 아이들이 아버지를 면회하고 온 일로 온통 이야기꽃이 피었다.

17. 실종

간밤에 내린 눈이 마당에 소복이 쌓여 있었다. 날씨는 맑게 개었고, 눈이 햇볕 아래 빛나고 있었다.

"기쁜 소식입니다!"

문득 대문 밖에서 벼락같은 소리가 들렸다. 언제나 남보다 빨리 정보를 전해주는 나도진이 공생원으로 달려왔다.

"청미 어머니, 어서 나와 보세요."

"무슨 일이 생겼나요?"

"돌아오신답니다."

"예? 돌아오시다니…… 그럼……?"

"그래요, 윤 원장님께서 돌아오시게 되었대요. 석방되었답니다."

"어머나, 정말 기쁜 소식을 전해 주셔서 고맙습니다."

"오늘 오후에 특무대로 나오라는 연락이 왔습니다."

"나가야지요. 나가야 하고 말고요."

학자의 음성이 떨렸다. 그녀는 잠시 눈을 감고 감사의 기도를 올렸다.

"이번에 한 대위의 힘이 컸습니다. 그리고 임기봉 의원님도 힘을 많이 쓰셨습니다."

나도진은 자기 일처럼 기뻐했다.

"알고 있어요. 정말 여러 어른들께 큰 은혜를 입었습니다."

학자는 너무나 기뻐서 아무에게라도 절하며 감사하고 싶은 심정이었다.

그동안 치호의 석방을 위해 여러 사람이 노력을 기울였다. 한 대위는 물론이고, 목포시의 목사님들이 여러 차례 탄원했는가 하면, 피난지에서 돌아온 임기봉 의원도 힘을 보탰다. 그뿐만 아니라 대반동 사람들은 자진해서 연명으로 진정서를 작성해 내기도 했다. 치호의 석방은 그 모든 노력의 결실이었던 것이다.

"아버지가 돌아오시게 되었다!"

"야, 아버지가 오신단다!"

소식을 듣고 날뛰는 공생원 아이들의 기쁨은 무엇과도 비길 수 없는 것이었다. 아이들은 너도나도 구치소 앞으로 날려가고 싶어 했다.

"너희들은 집에서 아버지를 기다리는 게 좋겠다. 그 앞에서 너무 소란스러운 것도 안 좋을 것 같구나. 구치소에는 엄마가 다녀오마."

"알았어요, 청소 깨끗이 하고 아버지 기다리고 있을게요."
아이들이 힘차게 대답했다.
그날 오후, 치호는 석방되어 아내와 함께 공생원에 돌아왔다. 4개월 만이었다.
"아버지!"
문 앞에서 기다리고 있던 한 떼의 원생들이 일제히 치호에게 달려들었다. 치호는 한 아이 한 아이의 어깨를 두드려 주고, 손을 잡아 주고 머리를 쓰다듬어 주고 뽀뽀도 해주었다. 몸집이 큰 몇몇 아이들은 좀 멀찍이서 그런 치호의 모습을 보며 눈물을 흘리기도 했다.
"너희들도 가까이 오너라. 그동안 어머니 도와서 공생원 살림 꾸려 나가느라 고생 많았지?"
치호는 그 아이들도 일일이 안아 주었다. 아이들에 둘러싸인 치호는 일말의 행복을 느꼈다. 그렇게 많은 아이들이 자기가 무사하기를 간절히 고대하고 있었다는 것을 생각하니 새로운 힘이 솟아나는 듯했다.
"우리는 정말 한 가족이다! 알았지? 우리는 어떤 일이 있어도 헤어지지 않는다. 함께 뭉쳐 이 어려움을 이겨나가자."
치호는 자신에게 다짐하듯 한 마디 한 마디 힘주어 말했다. 공생원 가족들은 강당에 모여 다 함께 감사기도회를 가졌다.
그날 밤, 아내와 둘만의 시간이 되었을 때 치호가 말했다.
"당신 정말 고생 많았어. 당신에게 이렇게 고생을 시키다니 정말 면목이 없네."

"무슨 말씀이세요? 고생은 당신이 했지요. 이렇게 무사히 돌아와 주셔서 얼마나 기쁜지 모르겠어요."

"걱정 많이 했지?"

"그래요, 이제는 아무 걱정도 없어요. 당신만 곁에 계시면 헐벗고 굶주리는 일 따위는 하나도 두렵지 않아요."

학자는 남편 곁에 있는 걸 확인하려는 듯 몇 번이고 치호의 뺨을 만지면서 말했다.

"내일부터는 모든 걸 내게 맡겨요. 사방으로 뛰어다니면서 우리 아이들 굶주리게 하지는 않을 테니까."

"너무 서두를 생각 마세요. 당신 몸이 많이 쇠약해지셨을 텐데……."

"괜찮아, 하나님이 돌봐 주시는데 무슨 걱정이오? 여보! 우리 함께 기도합시다."

두 사람은 손을 모으고 눈을 감았다. 기도가 끝나고 아름다운 찬송이 이어졌다.

나의 기쁨 나의 소망 되시며
나의 생명이 되신 주
밤낮 불러서 찬송을 드려도
늘 아쉬운 마음뿐일세

나의 사모하는 선한 목자는
어느 꽃다운 동산에

양의 무리와 함께 가셔서
기쁨을 함께하실까

치호는 이튿날부터 양식을 구하기 위해 시청으로, 교회로, 독지가의 집으로 발바닥이 부르트도록 뛰어다녔다.
그러나 일은 쉽지 않았다. 목포에 있는 피난민만도 3만이 넘었고, 시청에서는 그들의 생계에 대해서도 속수무책이었다. 쥐꼬리만 한 예산은 이미 오래전에 동이 났고, 새해 예산은 아직 확보되지 않았다는 것이다.
"아이들에게 당장 죽이라도 끓여 먹여야 합니다. 예산이 확보되지 않았다면 언제쯤에나 지원금을 받을 수 있겠습니까?"
"세금이 걷혀야 예산이 책정되는데, 전쟁 통에 세금이 걷힐 리가 있나?"
시청 사람들도 난감해하기는 마찬가지였다.
"윤 원장, 사정이 딱한 걸 알면서 도와주질 못하니 우리도 편치 않습니다. 그러니 광주 도청으로 가서 한번 부탁해 보시오. 예산 규모로 보나 뭘로 보나 우리 목포시보다야 좀 낫지 않겠소? 우리가 이쪽에서 긴급한 상황이라고 연락은 해놓을 테니까 말이오."
"그럼 그렇게 하지요. 부탁드립니다."
"그런데 조심해야 할 거요. 광주 부근에는 아직 인민군 패잔병들이 남아서 밤이면 관청이고 민가고 습격이 잦다고 합니다."
"패잔병이라도 우리 아이들 굶는 이야기를 들으면 내 마음을 이해할 거요. 어쩌면 약탈한 식량을 좀 줄지도 모르지. 허허허!"

치호는 껄껄 웃으며 시청을 나왔다.

1951년 1월 26일 새벽.

전날 밤에 내린 눈이 그치자 날씨가 갑자기 추워졌다. 유달산 자락을 휘감아 내려오는 찬바람이 옷깃 사이로 파고들었다. 치호는 광주로 떠날 차비를 했다.

"왜 아침밥을 안 드세요?"

"마음이 바빠서 그런가? 생각이 없구려."

치호가 짐을 꾸리며 말했다. 그것이 한 사람분이라도 아껴서 아이들에게 나눠 주고 싶은 마음임을 아내가 모를 리 없었다.

"저도 나갈게요."

"당신은 뭐 하러 나서요?"

치호의 말에 학자는 수줍게 웃었다.

"목포역까지 배웅해 드릴게요."

"그러구려. 오랜만에 눈길을 함께 걸어 봅시다."

두 사람은 목포역에서 헤어졌다.

"곧 돌아오시죠?"

"2, 3일 걸릴 것 같군. 일이 끝나는 대로 곧 돌아오겠소. 아이들을 잘 부탁하오."

"몸조심하세요."

'아이들을 잘 부탁하오.'

이 짧은 이별이 영원으로 이어지리라고는 아무도 알지 못했다.

18. 당신이 남긴 뜻

치호는 돌아오지 않았다. 약속한 2, 3일이 지나도, 열흘이 지나도 소식 한 줄 없었다. 학자는 불안해서 잠을 이루지 못했다. 지금까지 이따금 전도 여행을 떠나면 열흘 이상, 때로는 보름 이상 소식이 없을 때도 있었다. 하지만 이번에는 경우가 달랐다.

남편은 아직 건강이 회복되지 않은 쇠잔한 몸으로 집을 나갔다. 그리고 공생원 아이들이 밥을 굶는 처지에 있다는 것을 누구보다 잘 알고 있을 사람이다.

무엇보다도 전쟁 중이었다. 흉흉한 소문이 돌고 있었다. 인천상륙작전으로 퇴로가 막힌 북한군 잔당들이 산으로 숨어들어 게릴라전을 펼친다는 이야기가 심심찮게 들려왔다.

게다가 치호는 구치소에서 풀려나온 지 얼마 안 되어 신변에 위험이 도사리고 있을 가능성이 충분히 있었다. 미처 거기까지 헤아리지 못했다는 생각이 들자 학자는 더욱 불안해졌다. 광주로 가는 남편을 말리지 못한 것을 후회하고 또 후회했다.

아이들을 돌보느라 허리가 휘도록 일해야 하는 낮에는 경황없이 시간이 지나갔다. 하지만 밤이 되면 몇 번씩이나 자신도 모르게 벌떡 일어나곤 했다.

"오, 하나님! 제발 지켜 주세요. 그이를 지켜 주세요! 그이에게 무슨 일이 생기면…… 그건 안 돼요. 눈망울이 초롱초롱한 이 아이들을 위해 그이를 무사히 돌려보내 주세요."

학자의 기도는 절규에 가까웠다.

치호에게 소식이 끊긴 지 한 달쯤 된 어느 날, 나도진이 공생원에 들렀다. 그는 치호가 없는 동안 수시로 들러 함께 걱정해 주곤 했다.

"아무래도 그이를 찾아 나서야겠어요. 그이에게 무슨 일이 생긴 것만 같아요. 그러니 이렇게 손 놓고 앉아서 기다릴 수만은 없어요."

"글쎄요, 제 생각에도 너무 오랫동안 소식이 끊긴 것이 어째 불안합니다. 뭐, 윤 원장에게 딱히 무슨 일이야 있겠습니까만, 마냥 앉아서 기다리는 것보다는 찾아보시는 게 좋겠지요."

"곧 떠나야겠습니다."

"광주까지는 길도 설고 하시니 누구 큰 아이와 함께 가시는 게 좋겠네요. 재균이를 데리고 가세요. 그 애가 다녀 본 길이니 길도 알고 또 착하고 영리해서 도움이 될 겝니다."

"알겠습니다. 늘 마음 써주셔서 감사합니다."

나도진은 돌아가면서 일부러 큰 소리로 말했다.

"윤 원장, 이 친구 대체 어디서 태평세월을 보내고 있는감. 돌아오면 좀 혼내줘야겠당께."

학자는 그 말이 자신을 안심시키려는 뜻임을 잘 알고 있었다.

이튿날 학자는 재균이를 데리고 광주로 떠났다. 재균은 광주 쪽 지리를 아는 데다, 몇 번인가 치호를 따라 광주를 다녀 온 적도 있었다.

"어머니, 어디부터 찾아봐야 할까요?"

재균이가 막막한 심정인 듯 물었다.

"아버지가 광주에 가시면 꼭 찾아뵙는 분이 김신근(金信槿) 목사님이다. 그분께 가면 무슨 소식을 알 수 있을지도 모르지. 너 그 교회 알지?"

"예, 알아요."

김 목사는 뜻밖에 학자를 만나게 되어 퍽 놀란 듯했다.

"아이고, 어떻게 이렇게 어려운 걸음을 하셨습니까?"

"목사님, 저의 아버지에게서 소식이 끊어져 어머니를 모시고 찾아왔어요."

재균이가 눈치 빠르게 설명했다.

"재균이는 이제 청년이 다 됐구나! 그런데 아버지 소식이 끊겼다니, 그게 무슨 말이냐?"

김 목사도 아는 게 없는 듯했다. 광주 도청에 양식을 신청하러 떠난 뒤, 그길로 소식이 끊겼다는 말에 김 목사의 얼굴이 어두워졌다.

"그때가 벌써 언제냐? 한 달은 된 것 같은데…… 윤 원장이 와서 도청에 들어가야 하는데 행색이 거지같아서 곤란하니 옷을 좀 빌려 달라고 해서 내 옷을 드린 일이 있지."

"그럼 도청에는 들르셨을까요?"

학자가 물었다.

"일단 도청에 가셔서 알아보는 게 좋겠습니다. 사모님! 너무 걱정하지 마세요. 저도 여기저기 손닿는 대로 알아보지요. 아, 도청에 가시는 길에 곁에 있는 중앙교회에도 한번 들러 보세요."

돌아서는 학자의 귀에 김 목사의 혼잣말이 들렸다.

"허허, 그 사람…… 일이 끝나면 곧바로 집으로 돌아갈 일이지 여태 어디서 뭘 하고 있누?"

도청 사회과에서는 치호가 다녀간 것이 확인되었다. 치호의 행방이 묘연하다는 말에 담당 공무원이 고개를 갸웃했다.

"그래요? 우리에게 식량을 의뢰해 놓고 날짜가 되어도 찾으러 오지 않아서 웬일인가 했습니다만……."

"그럼 그 식량은 저희가 가져가도 되지요?"

재균의 말에 그는 쾌히 승낙하면서 담당 공무원으로서의 걱정을 보탰다.

"알았다. 네가 가져가긴 벅찰 테니 공생원으로 보내주마. 그나저나 아버지 소식이 없다니 걱정이구나. 거기는 아이들이 제법 많은 것으로 아는데……."

두 사람은 도청을 나와 중앙교회에 들러 목사님을 만났다.

"윤 형이요?" 왔었지요. 한 달쯤 전이었어요. 도청에 식량 요청을 하고 오는 길이라면서…… 어찌나 반갑던지 오랜만에 많은 이야기를 하며 회포를 풀었답니다. 그날 한양여관에 묵는다고 했는데…… 아, 그래, 윤 형이 그날 이후 여태 안 돌아갔단 말입니까?"

"어머니, 한양여관이 어딘지 알아요. 전에도 거기서 잤거든요. 어서 가 봐요."

재균이가 서둘렀다. 치호가 광주에 오면 단골로 묵는 한양여관은 학자에게도 자주 듣던 낯익은 이름이었다. 여관집 주인은 재균을 용케도 기억했다.

"아버지 짐 가지러 왔냐?"

"예? 우리 아버지 때문에 왔어요. 아버지가 여기 묵으셨으니까."

주인이 어머니를 흘깃거리는 것을 눈치 챈 재균이 소개했다.

"우리 어머니세요."

학자는 고개 숙여 인사를 했다.

"아, 그러시군요. 좋은 일 하시느라 고생이 많으시지요? 윤 원장님이 워낙 남 돕는 일을 좋아하시니까……."

"그런데, 우리 아버지가 여기 언제 오셨나요? 아버지 소식이 끊어져서 그래요."

"소식이 끊어져? 그게 언제부터냐? 여기 오신 지는 꽤 오래됐제. 그런데 보따리를 여기 둔 채 나가서는 연락이 없길래 난 그냥 목포로 가신 줄 알았다."

"잘 생각해 보세요. 그게 정확하게 언제였는지……."

"윤 원장이야 들고 나는 시간도 따로 없었제. 광주에 오면 여기를 자기 집처럼 여기며 묵었으니까…… 또 밤이고 새벽이고 찾아오는 사람이 한둘이냐?"

"한 달 전쯤 아버지가 오셨을 때는 무슨 일이 있었는지 기억나세요?"

"그래, 좀 생각을 해보자. 그날 밤 교회에서 예배 드리고 왔으니까 수요일인가 보다. 윤 원장은 일찍 잠자리에 들었는데, 자정이 다 된 시간에 손님이 와서 찾더라고!"

"그래서요? 그게 누구였는데요?"

"나야 모르지. 젊은 청년들 세 사람이 와서 찾길래 잠을 깨워서 일러 주었지. 몇 마디 이야기를 주고받는 것 같더니 그 청년들은 들어오지도 않고 잠시 후 윤 원장이 옷을 입고 나가더군. 나는 뭔 볼일이 생긴 줄로만 생각했어. 그러고는 안 들어오길래 목포로 간 줄만 알았다."

학자는 눈앞이 캄캄해지는 절망을 느꼈다. 이제 더 이상은 추적이 불가능해진 것을 아는 순간, 엄습해 오는 절망감에 다리가 휘청거렸다.

"그 짐을 좀 보여 주세요. 혹시 무슨 단서라도 있을지……"

"그러시지요!"

여관 주인이 내준 보퉁이 안에는 넝마 같은 옷가지뿐이었다. 치호의 남겨진 흔적은 옷 보퉁이와 모자 하나가 전부였다.

그날 밤을 한양여관에서 묵으면서 윤학자는 뜬 눈으로 밤을 새웠다. 금방이라도 남편이 문을 열고 들어와 줄 것만 같은 환영에 몇 번씩 소스라치며 일어나곤 했다.

목포로 돌아오기 전, 학자는 마지막 희망으로 경찰서에 들러 수색원을 제출했다. 그러나 담당 경찰관은 학자의 이 기대마저 꺾어 버렸다.

"지금 무등산이나 지리산 일대에 인민군 패잔병들이 진을 치고 있어 저희도 골치를 싸매고 있습니다. 이놈들은 야음을 틈타 산을 내려와 민가를 습격하며 식량을 약탈하거나 양민을 납치하는 등 갖은 만행을 일삼고 있어요. 윤 선생뿐만 아니라 비슷하게 행방불명된 사람들이 한두 명이 아닙니다."

담당 경찰관은 학자에게 두툼하게 철한 수색원 묶음을 보여 주었다.

"그래도 제 남편은 돈이 많거나 그렇게 유명한 사람도 아닌데요……"

"어디 그놈들이 상대를 가리나요. 사람을 보기만 하면 무조건 죽이는데요. 그놈들이 저지른 만행을 보세요. 총알이 아깝다며 죽창으로도 찔러 죽였잖아요."

담당 경찰관은 아무렇지 않은 표정으로 얘기했지만 학자는 몸서리가 쳐졌다. 이미 공산 치하에서 체험하지 않았던가.

학자는 재균이의 부축을 받으며 겨우 경찰서를 나왔다. 그녀는 더 찾아보고 싶었지만 아이들이 기다리는 공생원을 생각하면 더 이상 광주에 머물 수가 없었다. 학자는 무거운 발걸음으로 목포에 돌아왔다.

목포역에 내리자 문득 '혹시 내가 없는 사이에 그이가 돌아와 있는 건 아닐까?' 하는 생각이 스쳤다. 그러자 어디서 힘이 솟아났는지 학자의 발걸음이 갑자기 빨라졌다.

이윽고 공생원이 보였다. 아침 햇살이 공생원 마당을 비추고 있었다.

"어머니다!"

누군가가 소리치는 소리가 났고, 이어서 문이 열리더니 어린아이들이 쏟아져 나왔다.

"어머니!"

"어머니, 아버지는 안 오세요?"

환하게 웃으며 두 팔을 벌리고 달려오는 아이들을 보며 학자는 다시 하늘을 보았다.

"여보, 그래요. 나는 혼자가 아니었어요. 내게는 이 아이들…… 나를 어머니라고 부르는 이 아이들이 있었어요."

학자는 속으로 부르짖었다. 마지막으로 헤어지던 날, "아이들을 부탁해요!"라고 하던 남편의 목소리가 다시금 귀에 쟁쟁했다.

"여보, 당신이 돌아오실 때까지 나는 당신의 뜻을 따라 이 아이들을 돌보겠어요. 그리스도의 정신으로 사랑을 실천해 오신 당신의 뜻이 오래오래 빛나도록 제가 이 아이들을 돌보겠어요."

학자는 두 주먹을 힘 있게 쥐었다.

그날 밤, 학자는 저녁을 끝내고 원생들 방을 둘러본 뒤 청미와기, 향미를 원장실로 불렀다. 막내 영화를 안고 있던 학자는 "자! 모두 앉아라" 하며 말했다. 아이들에게 아버지가 실종된 것을 이야기하기란 어려운 일이지만, 언제까지나 숨길 수만은 없는 일이어서 하루빨리 말하는 게 낫다고 결심했다. 하지만 품에 있는 영화는 아버지의 얼굴도 모른 채 자랄 거라고 생각하니 불쌍하기 짝이 없었다. 학자는 용기를 내어 입을 열었다.

"청미는 몇 살이지?"

"열두 살입니다. 어머니!"

"기는?"

"열 살이에요."

"향미는?"

"여섯 살."

학자는 잠이 든 영화를 이불에 뉘면서 한숨을 쉬었다. 그리고 아이들을 보았다.

"모두 자신들의 나이를 잘 생각해 보아라."

아이들은 지금 어머니가 무슨 말을 하시는지 이해가 안 된다는 표정으로 학자의 얼굴을 살폈다. 학자는 램프 불을 밝히면서 아이들의 얼굴을 찬찬히 보았다. 그리고 말문을 열었다.

"이제 아버지는 우리와 함께 살지 못하게 되었단다. 언제 돌아오실지, 어쩌면 돌아오지 않으실지도 모른단다."

아이들은 눈을 깜박거리면서 어머니의 얼굴을 바라보았다. 학자는 자기 자신을 격려하듯이 말했다.

"아버지는 안 계셔도 하늘의 아버지는 우리를 돌보아 주실 거다. 그러니 아버지가 계시지 않아도 실망해선 안 된단다. 우리는 희망을 가지고 열심히 살아가야 한다. 그러면 언젠가 아버지가 돌아오셨을 때 분명히 기뻐하실 거다. 그러니 믿음을 가지고 형제들과 사이좋게 살아가는 거다. 알았느냐."

"예."

청미는 힘없이 대답하고 향미는 조용히 입을 다물었다. 하지만 기는 대들듯이 "아버지는 광주에 계시지 않는가요?"라며 반문했다. 청미도 "아버지는 왜 광주에 가셨다가 돌아오시지 않는 거예요?" 하고 물었다.

학자는 고개를 좌우로 흔들며 "아버지는 광주에 안 계셨단다."라고 대답했다. 그러자 기가 "그럼, 어디 가셨는데요?"라고 물었다.

"어머니의 말은 끝났다. 이제 빨리 돌아가서 자야지."

학자는 문을 열고 아이들을 내보내고 기를 안으로 다시 불러 의자에 앉혔다. 그리고 "기야, 함께 기도하자"라고 하자 기는 고개를 끄덕였다.

"하늘에 계신 아버지여! 이 아이들의 아버지는 어디 계십니까. 당신은 늘 믿는 사람과 함께하십니다. 제발 당신의 충실한 저를 지켜 주십시오. 그분은 우리 원생들을 위해서도 없어서는 안 되는 소중한 사람입니다. 만에 하나 그분이 이미 돌아올 수 없는 사람이 되었더라도 그분은 고아들의 아버지입니다. 제발 이 아이들이 모두 하나님의 보호로 훌륭하게 자라도록 해주십시오. 청미, 기, 향미를, 그리고 영화를 보호해 주십시오."

차가운 밤하늘에는 진주 같은 아름다운 별이 빛나고 있었다.

어젯밤, 한숨도 자지 못한 학자는 새벽부터 창고를 조사했다. 이미 식량은 아침에 다 떨어진 것을 안 학자는 재석과 희덕을 불러 결혼 때 어머니가 사준 가구를 동네 마을로 나르게 했다. "이것이 팔리면 두부 비지를 사오너라." 하며 내보냈다. 그리고 아침식사가 끝났을 때 모두들 강당에 모이도록 했다. 슬픔을 잊으려고 오르간으로 찬송가를 연주했다.

원생들 모두가 학자의 오르간에 맞추어 열심히 노래했다. 찬송이 끝나자 학자는 성경을 펴서 시편 23편을 낭송했다.

여호와는 나의 목자시니 내가 부족함이 없으리로다
그가 나를 푸른 풀밭에 누이시며 쉴 만한 물 가로 인도하시는도다
내 영혼을 소생시키시고 자기 이름을 위하여 의의 길로 인도하시는도다
내가 사망의 음침한 골짜기로 다닐지라도 해를 두려워하지 않을 것은 주께서 나와 함께 하심이라
주의 지팡이와 막대기가 나를 안위하시나이다
주께서 내 원수의 목전에서 내게 상을 차려 주시고 기름을 내 머리에 부으셨으니 내 잔이 넘치나이다
내 평생에 선하심과 인자하심이 반드시 나를 따르리니 내가 여호와의 집에 영원히 거하리로다

학자는 원생들의 얼굴을 둘러보고 조용히 말했다.

"오늘 모두 여기 모이게 한 것은 슬픈 소식을 알리기 위해서랍니다. 좋은 일이 아니어서 숨기고 있었는데 여러분에게 미안합니다. 여러분에게 죽만 먹인 것 말입니다. 하지만 희덕이와 재석이가 가구를 팔러 나갔으니 비지를 먹을 수 있을지도 모릅니다. 가구가 팔

리지 않으면 오늘 점심부터 굶게 됩니다. 하지만 하나님은 항상 어려울 때 도와주십니다.

　여러분! 하나님을 굳게 믿읍시다. 그리고 여러분은 알고 있을지도 모르지만 원장 아버지가 광주에 가신 채 언제 돌아오실지 모릅니다. 원장 아버지는 여러분의 식량을 구하러 광주에 가셨습니다만 돌아오지 않고 계십니다. 어머니도 광주에 가서 아버지를 찾아보았지만 어디에도 안 계십니다. 그래서 앞으로는 아버지가 안 계셔도 모두 힘을 합하여 슬픈 일도 괴로운 일도 참아 내야 합니다. 우리 모두 손 잡고 이 어려움을 참고 이겨 내야 합니다. 자, 여러분! 힘을 내어 다시 한 번 찬송가를 부릅시다."

　학자는 아이들 앞에서 슬픈 얼굴을 보이지 않으려고 다시 오르간 앞으로 다가갔다. 힘을 다해 페달을 밟았다.

나의 기쁨 나의 소망 되시며 나의 생명이 되신 주
밤낮 불러서 찬송을 드려도 늘 아쉬운 마음뿐일세
나의 사모하는 선한 목자는 어느 꽃다운 동산에
양의 무리와 늘 함께 가셔서 기쁨을 함께 하실까
길도 없이 거친 넓은 들에서 갈길 못 찾아 애쓰며
이리저리로 헤매는 내 모양 저 원수 조롱하도다
주의 자비롭고 화평한 얼굴 모든 천사도 반기며
주의 놀라운 진리의 말씀에 천지가 화답하도다
나의 진정 사모하는 예수여 음성조차도 반갑고
나의 생명과 나의 참소망은 오직 주 예수뿐일세

그날 오후 학자는 목포시 후생과를 찾아 공생원을 나섰다. 또 눈이 내리기 시작하여, 쌓인 눈은 구두를 적셨다.

"콜록, 콜록."

기침이 계속 나오고 한기가 있어 기분이 좋지 않았다. 가구가 팔리면 당분간은 견딜 수 있겠지만 그다음을 생각하면 가만히 있을 수가 없었다. 하지만 마음은 급해도 발이 움직이지 않았다. 겨우 시청에 도착했을 때 시청은 문이 닫혀 사람이 보이지 않았다.

"실례합니다. 실례합니다."

몇 번을 부르니 안에서 남자 한 명이 나왔다. 무슨 일인지 물어 왔다. 후생과 분을 좀 뵙고 싶다고 하자 상대 남자는 "벌써 오후 6시입니다. 퇴근 시간이 지났으니 내일 오십시오"라고 하고는 안으로 들어가 버렸다.

보통 때 같으면 한 시간 정도에 올 수 있는 곳을 두 시간이나 걸렸다. 헛걸음을 한 것이다. 식량 문제를 어떻게 할까 궁리하는데 기침이 계속 나왔다. 할 수 없이 다시 눈길을 밟으며 돌아오는데 발길이 더욱 무거웠다. 아이들이 기다릴 텐데, 한시라도 서둘러야겠다 싶어 조바심을 내면 낼수록 발이 잘 떨어지지 않았다.

날은 이미 저물어 주위는 어둑어둑해졌다. 문득 학자는 심한 고통을 느끼더니 기침을 계속하며 웅크리고 앉았다.

"어떻게 하나, 아이들이 걱정인데······."

겨우 몸을 일으켰을 때 눈앞에 치호의 모습이 보였다.

"여보, 역시 살아 계셨군요. 정말 기뻐요." 하며 달려드는 순간 그녀는 발을 헛디뎌 앞으로 쓰러졌다.

학자가 의식을 회복한 것은 사흘이나 지나서였다. 주위를 살펴보니 자신이 하얀 침대 위에 누워 있지 않은가.

"여기가 어디입니까?"라고 묻자 옆에 있던 간호사가 "이제 깨어나셨습니까? 병원입니다"라며 가르쳐 주었다.

"왜 내가 여기에?"

학자가 목포시청에 간다고 하고는 밤이 되어도 돌아오지 않자 공생원 아이들이 혹시나 하고 찾아다니는데 소녀바위 옆에 검은 물체가 보였다. 가까이 가보니 학자가 아닌가. 그래서 아이들이 학자를 업고 이곳으로 데려온 것이다.

다행히도 가벼운 상처뿐, 외상은 없었다. 간호사는 "피로가 심해 며칠 더 입원해야 한다"고 했지만 학자는 "하루라도 빨리 돌아가야 한다"며 퇴원을 강행했다.

치호가 없는 공생원은 학자의 존재가 마음의 등불이었다. 아무것도 없어도 학자가 돌아온 것은 원생들에게 크나큰 의지가 되었다.

계절이 바뀌어 봄이 되었다. 마당의 눈도 다 녹고 뒷산에서는 새소리도 들려왔다. 학자는 상급반 아이들에게 강당에 있던 오르간을 마당에 갖다 놓게 했다. 아이들을 모두 불러 모이게 한 후 〈봉선화〉를 연주하면서 부르게 했다. 학자는 일제강점기 때 경찰에 쫓기던 한동운으로부터 이 노래를 들은 이래 한국 노래 가운데 이 노래를 가장 좋아했다.

울 밑에 선 봉선화야 네 모양이 처량하다

슬픈 이 멜로디가 오늘은 한층 가슴에 다가왔다. 〈봉선화〉가 끝날 무렵 두 남자가 트럭을 끌고 공생원으로 들어왔다. 그리고 학자에게 고개를 숙였다.

"이 오르간입니까? 일전에 말씀하신 것이……."

한 사람은 60세가량의 백발 노인이고 다른 한 사람은 20대의 젊은이였다. 희덕이가 "아저씨들, 왜 그러세요?"라고 소리치며 그 남자들의 앞을 막았다.

"팔았단다"라고 학자가 말했다. 희덕이는 이해가 잘 안 되는 듯 "하지만 저번에 오르간은 절대로 팔지 않겠다고 하셨잖아요"라며 항의했다.

"그랬지. 이 오르간은 내 결혼 기념으로 어머니가 사주신 거란다. 하지만 이제 필요 없게 되었단다."

"예? 필요 없어지다니요?"

"실은 어머니도 많이 고민했단다. 아버지가 일으킨 공생원을 어떻게든 아버지가 돌아오실 때까지 지키고 싶었지만 나에게 한계가 왔단다. 이미 오르간은 돈으로 바꾸어 식량을 사는 데 다 써버렸단다. 지금 한창 커가는 너희들을 더 이상 이 공생원에 두는 것도 죄인 것 같구나. 자, 빨리 오르간을 가지고 가주세요."

남자들은 "자! 가져갑니다"라고 하고는 오르간을 차에 싣고 돌아갔다.

그때 희덕이가 "공생원이 해산되는 것은 나는 반대해요. 어머니는 지금까지 '모두가 나의 자식'이라고 하셨잖아요. 그런데 자신의 친아이들만 데리고 가고 모두는 해산이라니요. 비겁해요." 하고는 화를 내며 소리쳤다.

"나는 여러분을 지금도 내 아이들이라고 생각해요. 그래서 청미, 기, 향미를 모두와 함께 지내게 한 거란다. 하지만 요즘 수일 동안 우리는 비지죽만 먹으며 살아오지 않았니. 그것도 이제는 살 돈이 없단다. 여기서 모두 집단 죽음을 당할 수만은 없지 않겠니.

그래서 어젯밤에 기도했단다. 하지만 이스라엘 민족이 사막에서 헤맸을 때처럼 양식은 내려지지 않았다. 이제 공생원은 해산해도 하나님은 반드시 너희들을 보살펴 주실 거라는 결론을 내렸단다."

아이들은 충격을 받은 듯 한동안 말을 잃었다. 학자가 최선을 다했지만 힘의 한계에 다다랐다는 것은 모두들 알고 있는 일이다. 그때 희덕이 앞으로 나왔다.

"저는 해산에 반대합니다. 우리는 모두 부모에게 버림받았거나 부모를 잃고 공생원에서 자라고 있습니다. 그래서 원장 선생님을 아버지, 사모님을 어머니라고 생각하고 있습니다. 모두들 그렇지?"

"그래, 그래."

재석이도, 상기도, 성대도 맞장구를 쳤다. 여자아이들도 동의했다. 희덕이의 뒤를 이어 재석이가 말했다.

"사모님은 저희를 친자식이라고 생각한다면 왜, 저희만 해산하라고 합니까? 친자식이라면 언제까지라도 함께해 주신다고 하셔야지요."

학자는 말문이 막혔다. 그때 혜옥이가 말을 이었다.

"사모님은 이전에 말씀하셨습니다. 원장 선생님이 어디엔가 계실 것 같다고요. 그런데 원장 선생님이 무사히 돌아오셨을 때 이 공생원이 없다면 얼마나 놀라시겠습니까? 사모님은 그걸 생각하고 계십니까? 저희는 열심히 살겠습니다. 그러니 해산하자는 그런 섭섭한 말씀은 말아 주세요."

"그래요. 저희도 죽어라고 일할게요. 모두 힘을 합하면 안 되는 일이 없을 거예요. 그렇지?"

"사모님! 여기서 쓰러지시면 안 돼요. 원장 선생님을 위해서라도……."

아이들의 소리에 맞추어 청미가 입을 열었다.

"어머니, 아버지가 돌아오실 때까지 그렇게 해요."

기도 덩달아 말했다. "나도, 향미도 일할게요."

이 아이들이 이렇게까지 공생원 일을 생각한단 말인가. 공생원은 이 아이들의 가정이고 고향이고 무엇과도 바꿀 수 없는 마음의 안식처다. 이 공생원은 누구의 것도 아니다. 이 아이들의 것이 아닌가. 그런데 어떻게 해산할 수 있겠는가.

"알았다. 고맙구나. 모두 고맙다. 나도 열심히 하겠다. 힘이 다하는 데까지. 아버지가 돌아오실 때까지 어떤 일이 있어도 여기를 지키자. 모두 고맙다. 고맙구나."

학자가 울먹이며 말하자 아이들이 모두 "야!" 하며 환성을 질렀다. 학자는 양손을 벌리고 모두를 끌어안으며 울었다.

진주의 노래

또 내가 들으니 하늘에서 음성이 나서 이르되
기록하라 지금 이후로 주 안에서 죽는 자들은 복이 있도다 하시매
성령이 이르시되 그러하다 그들이 수고를 그치고 쉬리니
이는 그들의 행한 일이 따름이라 하시더라 (요한계시록 14장 13절)

19. 원생들의 출정

수일이 지났다. 봄이 벌써 다가왔다. 학자는 이신호 목사에게 사정을 이야기하고 지혜를 빌려 아이들이 거리에서 구두 닦는 일, 봉투 만드는 일을 시작하게 했다.

상급반 남자아이들은 매일 구두통을 들고 시내에 나가 구두를 닦았다. 그러나 30여 명의 아이들이 추위에 떨면서도 하루 2백 켤레밖에 닦지 못했다. 봉투 만드는 일은 문구사에서 용지를 가지고 와서 백여 명의 아이들이 하루에 3만 매 정도를 만들었다. 아직 전쟁 중이어서 군사우편물용으로 잘 나갔다. 그러나 식량난은 여전했다. 어린이들의 영양실조가 걱정스러웠다. 학자가 이 문제로 고심하고 있는데 누가 원장실 문을 두드렸다. 시청 사회과 김인철 주사였다.

"윤 선생님, 오랜만입니다."

"예, 김 선생님, 어서 오세요."

서로 인사를 나눈 뒤 김 주사는 용건을 이야기했다.

"어려운 사정은 짐작하고 있었습니다만, 방금 아이들이 봉투를 만들고 있는 모습을 보고 얼마나 힘드신지 알았습니다. 헌데, 이제 겨우 구호의 길이 열렸습니다."

"예? 정말입니까?"

"지금 이곳에 몇 명이나 수용하고 있습니까?"

"나이 많은 아이까지 포함해서 195명입니다."

"그런데 한 가지 부탁이 있습니다."

김 주사는 이렇게 말하고는 학자의 얼굴을 쳐다보았다. 학자는 긴장된 얼굴로 재촉해 물었다.

"저에게 부탁이라니요?"

"실은 이 전쟁으로 피난 온 고아들이 500명이나 호남동 목포 고등성서학교에 수용되어 있습니다. 그런데 무리라고는 생각하지만 그중 150명을 공생원에 부탁해도 되겠습니까? 물론 아이들의 식량은 지원해 드리겠습니다."

"하지만 침구류가 없습니다."

"그건 걱정 마십시오. 이불을 300장 가지고 오겠습니다. 그 밖의 지원도 해드리겠습니다."

"감사합니다. 기쁘게 받아들이겠습니다."

학자는 방금 읽은 구절을 생각해 보았다.

오직 하나님은 미쁘사 너희가 감당하지 못할 시험 당함을 허락하지 아니하시고 시험 당할 즈음에 또한 피할 길을 내사 너희로 능히 감당하게 하시느니라(고린도전서 10장 13절).

"그런데 또 한 가지 어려움이 있습니다."
"뭡니까?"
"윤치호 원장님이 안 계신 것은 모두 알고 있습니다. 원장님 이름으로는 일을 볼 수 없습니다."
"그럼 제 이름으로 해도 되겠습니까?"
"그런데 윤학자 선생님은 국적이 일본입니다. 그래서 곤란합니다. 적당한 대리 원장님이 필요합니다."
"예, 잘 알겠습니다. 누군가에게 부탁해 보겠습니다."
"급히 서둘러 주십시오. 내일 오전까지 결정해서 알려 주십시오. 그렇게 되면 곧 식량과 부식대를 드리겠습니다. 법적 수속은 나중에 해도 괜찮습니다. 이름만이라도 부탁합니다."

용건을 말하고 김 주사는 돌아갔다. 학자는 이신호 목사를 찾아 원장 대리를 맡아 줄 것을 부탁했다.

"나도 곁에서 바라보고 걱정만 했는데 뭔가 힘이 된다면 기쁘게 받아들이겠습니다."

학자는 이 목사의 말에 안심했다. 다음 날 오전 중에 시청에 가서 이 목사 얘기를 하자 김 주사는 미소지으며 "윤 선생님, 잘 되었습니다. 오늘 오후에 식량과 부식대를 꼭 보내 드리겠습니다"라고 약속했다. 그리고 그날 오후 트럭으로 쌀 열한 가마와 보리 스무 가마, 이불 300장이 공생원에 도착했다. 그 뒤를 이어 청년 세 명의 인솔로 150명의 고아들이 열을 지어 왔다. 이 청년들은 정영걸(鄭永杰), 안관일(安官一), 전현순(全賢淳)으로, 중공군의 전쟁 개입으로 연합군이 남하했을 때 진남포에서 함께 내려온 사람들이다. 학자는 상급반 아이들에게 식량을 창고에 넣게 하고 이불은 각 방에 나눠 준 뒤 강당에 모여 신입자들을 소개했다.

"여러분도 아시는 바와 같이 원장 선생님은 여러분의 식량을 구하기 위해 광주에 가신 뒤 돌아오지 않으셨습니다. 그렇지만 오늘부터 쌀과 보리 그리고 부식물을 살 수 있는 돈도 나오게 되었습니다. 그런데 대리 원장님이 필요해 이신호 목사님께 부탁했습니다. 이 목사님은 교회 일로 매우 바쁘십니다. 그래서 일요일과 수요일은 오지 못하십니다. 다른 날도 하루 세 시간 정도 근무하실 뿐입니다. 대리 원장님이 안 계실 때는 오늘 오신 지도원 선생님 세 분이 지도해 주실 것입니다. 또 오늘부터 150명의 새로운 친구들이 생겼습니다. 이 친구들은 전쟁 때문에 부모를 잃었습니다. 모두 사이좋게 지내 주세요."

학자는 이렇게 말하고 세 청년들을 앞으로 나오게 했다.

"여러분! 맨 오른쪽에 있는 분이 정영걸 선생님, 다음은 안관일 선생님, 왼쪽에 있는 분이 전현순 선생님으로, 모두 열아홉 살입니다. 선생님들의 말씀을 잘 들으세요."

원생들은 박수로 그들을 맞이했다.

그날 밤 세 청년은 학자가 있는 원장실에 왔다. 잠시 머뭇거리다 먼저 정영걸이 입을 열었다.

"선생님! 저희는 이곳에 올 때까지 인생의 참된 목적을 알지 못했습니다. 솔직히 말하자면 저희가 이곳에 온 것도 한 부인이 300명의 고아를 키운다는 말을 듣고 흥미를 갖고 와본 것입니다. 그런데 친자식도 아닌 다른 아이들을 위하여 봉사하는 모습을 보게 되었습니다. 저희 마음의 문이 열리게 된 것입니다. 인간은 무엇 때문에 사는 것인지 알게 되었습니다. 저희는 진남포에서 태어나 진남포제일고등학교 동급생인데 이번 전쟁 통에 모두 부모를 잃었습니다."

"아! 그랬습니까."

학자는 세 사람의 얼굴을 바라보았다.

"졸업도 가까웠지만 중공군이 남하하기 전에 고향을 버리고 떠난 것입니다. 공산치하의 생활은 너무도 비참했습니다. 그곳에는 이상도 꿈도 없었습니다."

계속해서 안관일이 말했다.

"저희 셋 중에서 영걸이가 생각이 가장 깊고 마음도 넓습니다. 옳다고 생각하면 반드시 실천하는, 정의감이 강한 사람입니다. 또 현순의 아버지는 장로님이셨는데 신앙이 매우 깊은 분으로, 몇 달 전 진남포형무소에서 순교하셨습니다."

그들은 잠시 침묵했고, 돌아가신 분을 위해 묵도했다. 영걸이 다시 입을 열었다.

"현순이는 아버지의 영향으로 신앙심이 깊고 어려움도 잘 이겨냅니다. 관일이는 음악을 좋아하는 로맨티스트입니다. 학생 때부터 평양 내무성 협주단에서 활약하며 트럼펫을 연주했습니다. 저희는 음악가라고 부릅니다."

현순이가 말을 이었다.

"선생님! 이곳은 주변이 아름답습니다. 앞은 바다고 뒤로는 산이 있고…… 이런 곳에서 하나님의 일을 할 수 있어 너무나 행복합니다. 저희에게 돈은 필요 없습니다. 이곳에서 계속 일하게만 해주세요. 그리고 또 한 가지 부탁이 있습니다. 조금 전에 셋이서 이야기했지만 선생님을 어머니라고 부를 수 있게 해주세요. 저희도 모두 고아입니다."

학자는 너무나 기뻐서 가슴이 벅차 올랐다. 하나님은 이 세 사람을 보내 주신 것이다. 학자는 30명의 후원자들이 생긴 것만큼이나 든든했다.

다음 날부터 이들 청년들의 활약이 시작되었다. 영걸은 국어와 생활지도, 현순은 신앙생활과 산수, 관일은 음악을 담당했다. 더욱이 이신호 목사는 일요일과 수요일을 제외하고 매일 자전거로 다니며 대외 교섭을 통한 폭넓은 지도력을 발휘했다.

시청에서는 매월 25일에 식량과 부식물대, 그리고 가끔씩 미국의 분유 등도 원조했다. 원의 형편이 나아진 것은 물론이다.

어느덧 여름이 지나고 9월 중순이 되었다. 하루는 그리스도교아동복지회(CCF) 한국지부에서 사람이 찾아와 공생원의 연혁과 실정을 조사해 갔다. 그리고 얼마 안 있어 CCF 한국지부에서 원생들의 사진을 붙여서 신청서를 제출하면 미국의 독지가와 양자 관계를 맺고 원생들의 양육비를 지원해 준다는 연락이 왔다.

학자와 이신호 목사는 가입 신청 서류를 정리하고 CCF 한국지부에 제출했다. 한 달 뒤 236명의 회원 가입 신청서와 함께 944달러의 원조금이 송금되어 왔다. 앞으로도 매월 같은 액수를 지원하겠다는 것이었다. 미국의 지원물자발송협회 전남지부에서도 매월 케어 박스를 기증해 왔다. 케어 박스에는 모피와 양복지, 설탕, 우유, 커피, 약품 등이 들어 있었다. 더욱이 유엔 아시아태평양 경제사회위원회(ECAFE)에서는 헌옷, 주스, 버터, 우유 등을 보내 왔다.

그러나 고아들이 계속 늘어 360명을 넘자 좁은 공생원은 터지기 직전이었다. 11월 초 어느 날 오후, 이신호 목사가 학자에게 말했다.

"윤 선생! 이 많은 아이들과 어떻게 겨울을 보내실 겁니까? 무슨 좋은 생각 없으십니까?"

"목사님! 저도 생각 중입니다만, 무슨 좋은 방법이 없겠습니까?"

"그렇군요. 지금 당장 증축한다 해도 불가능하고…… 제 동생이 시골에 집을 한 채 샀습니다. 동생도 그리스도인이므로 부탁해 보면 빌려 줄지도 모릅니다. 125평 정도 되는 넓은 집이고 토지를 팔아 산 겁니다."

"땅까지 팔아 산 집을 빌려 주겠습니까?"

"괜찮을 겁니다. 윤 선생이 좋으시다면 공생원 분원을 만들어 봅시다."

그러면서 말을 계속했다.

"이런 말 한다고 기분 나쁘게 생각하지 마세요. 동네 사람들 중에는 공생원의 '공'이 공산당의 '공'에서 따온 거라며 별로 좋지 않게 생각하는 사람도 있고, 윤치호 씨가 행방불명된 데 의혹의 눈으로 보는 사람도 있습니다."

그 순간 학자는 큰 충격을 받았다.

"무슨 의혹이지요?"

"결국 공생원의 '공' 자가 공산당의 '공' 자고 윤치호 씨는 공산당인민위원회 위원장을 지낸 일도 있어서 꺼리고 있습니다. 이 기회에 공생원의 이름을 바꾸지 그러십니까?"

"하지만 동네 사람들이 뭐라 해도 공생원은 24년간이나 사용해 온 이름입니다. 남편이 인민위원장을 한 것도 결코 자신을 위해서가 아니라는 사실을 모두가 알고 있으리라 생각합니다."

학자는 서글퍼져 이렇게밖에 말을 하지 못했다.

"윤 선생 이야기는 잘 알지만 현재 동네 사람들 중에 이렇게 말하는 사람들이 있는 이상 방관만 할 일은 아닙니다. 저는 이 지역 이름을 따서 유달원이라고 하면 어떨까 하는데요? 분원 일도 있고 하니 내일이라도 이사회를 열어 논의해 봅시다. 윤 선생도 냉정하게 생각해 보세요."

이 목사는 딱 자르듯이 말했다.

다음 날 이사회가 열렸다. 이사장 겸 원장 대리 이신호 목사의 설명을 들은 후 제안대로 유달원으로 개명하는 것과 분원을 설치하는 것, 이 두 가지 안건을 이의 없이 통과시켰다.

이사들은 이해해 주리라 기대한 학자는 크게 실망했다. 그녀는 참다못해 말했다. "여러분! 저에게도 말할 기회를 주십시오. 이곳 주민들이 뭐라고 하는지는 모르겠지만, 이 공생원은 24년 전, 아직 일제가 이 나라를 지배하던 때 붙인 이름입니다. 그러니 이번 전쟁이 끝나면 다시 공생원으로 해주지 않으시겠습니까?"

"좋습니다."

학자는 이사들의 짤막한 답변을 꺼림직해하며 공생원의 운명을 걱정했다. 며칠 후 150명의 아이들이 분원으로 옮겨 갔다. 이 목사는 처음에는 분원과 본원을 자전거로 오가다 나중에는 분원에 거주하며 본원에는 거의 오지 않았다.

학자는 매일 본원과 분원을 걸어서 오갔지만 어느새 분원은 이 목사의 관리 체제로 되어가고 있었다. 그리고 1년이 지난 어느 날, 정영걸이 학자의 방 문을 두드렸다. 정영걸은 학자 앞에 바로 앉아서 그녀의 얼굴을 살피며 말했다.

"어머니! 눈치 채지 못하셨습니까? 이 목사님이 공생원을 차지하려는 것을……."

학자는 놀라 말을 막으며 "그런 일은 없을 겁니다. 사람을 의심해서는 안 됩니다"라고 했다. 영걸은 "이건 저 혼자만의 생각이 아닙니다. 증거까지 있어서 걱정하는 사람이 있습니다"라며 반박했다.

"성경은 '사람을 나쁘게 생각하지 마라'고 가르치고 있습니다. 편견으로 타인을 보면 누구나 이상하게 보이는 겁니다. 성직자이신 목사님을 그런 눈으로 보는 것은 죄입니다."

"어머니는 성인이시군요."

영걸은 이렇게 말하고 방을 나갔다. 하루는 학자가 분원을 둘러보고 돌아오려는데 분원 아이들의 표정이 이상했다. 눈빛이 예전과 달리 슬프고 외롭게 보였다. 학자는 눈치를 챘다.

"그들은 애정에 굶주려 있구나. 비지죽을 먹을 때도 이런 눈빛은 아니었다. 인간의 혼은 애정이 따르지 않으면 어떤 것에도 만족하지 못한다."

학자는 본원으로 돌아와 신문지에 싸둔 표창장을 꺼냈다. 지난 2월 허정 사회부장관에게 받은 것이다. 이런 문구가 적혀 있었다.

목포 공생원 윤학자
귀하는 버려진 아이들을 위하여 만난(萬難)을 극복하고 시종일관 인류애의 열정과 성의를 가지고 한국 사회복지사업의 발전을 위해 큰 공헌을 하였기에 이를 표창함

원생들이 액자에 넣자고 했지만 학자가 마다하고 신문지에 싸서 책상 위에 두었던 것이다.

'잘했다. '유달산'이라고 안 된 것이. 그러나 앞으로 또 표창을 받게 된다면 공생원의 이름은 이제 없겠지?'

그렇게 생각하자 학자는 슬펐다.

며칠 후 운동장에서 작업하고 있던 영걸이 우체부에게 한 통의 편지를 받아 학자에게 주었다. 궁금해 하며 봉투를 뜯으니 공문이었다.

CCF 한국지부에서 온 것으로, 수신인은 '유달원이사회'로 되어 있었다. 내용은 CCF에 가입한 아동과 가입하지 않은 아동을 분리해 달라는 것이었다. 즉, 가입 아동 1인당 4달러의 경비는 미국에

거주하는 후원자가 양자로 삼은 아동에게 주는 돈으로, 가입 아동의 육성 목적 외에는 사용을 금한다는 통고였다.

가입 아동은 현재 모두 236명으로, 가입 아동 1인당 4달러의 지원금을 430명 전원에게 나눠줄 경우 가입 아동의 몫은 2달러밖에 가지 않아 먹을 것과 입을 것, 교육비 등 이들에게 필요한 것이 불충분하다는 지적이었다.

또 대반동 본원은 학자 책임 하에 이 목사가 겸임하고 서산동 분원은 이 목사가 운영토록 돼 있었다. 그런데 본원에 있는 가입 아동을 분원으로 옮기라는 것이었다.

이틀 후 학자는 이사회에 출석했다. 이 자리에서 236명의 가입 아동을 전부 분원에 옮기도록 결의했다.

그 후 12월 15일 유달원이사회가 열렸다. 여기서는 공생원과 유달원을 분리 경영토록 하고 공생원 원장은 유달원 원장을 겸임하게 했다. 이사회는 학자를 부원장으로 임명했다. 이거야말로 행랑을 빌려 안방을 차지하겠다는 게 아닌가. 학자는 여자의 한계를 뼈저리게 느꼈다.

그해도 가고 1953년 봄을 맞이했지만 학자의 마음은 무거웠다. 목포시 사회과는 공생원이 미국의 원조를 받고 있다는 이유로 지원을 절반으로 줄였다. 양자 인연을 맺은 아동들은 전부 분원으로 옮겨졌다. 이때 이신호 목사는 공생원 원장 직을 사임했다. 이미 각오한 학자는 정영걸 등과 상의하며 목포 YMCA 총무교회의 이웅(李雄) 목사에게 후임 대리원장을 부탁하기로 했다.

이웅 목사는 쾌히 응낙했다. 이 목사의 승낙을 받고 돌아오자 영걸의 표정이 어두웠다.

"어머니! 정부 보조가 줄고 한 달이 지났습니다. 지금까지 비축한 식량으로 잠시는 지낼 수 있지만 얼마 남지 않았습니다. 그러니 아침, 저녁으로 나누어 죽을 먹어야겠습니다. 그리고 상급반 아이들은 지금부터 시내에 나가 구두를 닦고 여자 중급반 아이들은 봉투를 만들어야 할 것 같습니다."

그다음 날부터 구두 닦는 일과 봉투 만드는 일이 다시 시작되었다. 세 청년들도 봉투 만드는 재료를 사오고 봉투를 팔러 다녔다. 공생원은 다시 활기를 찾았다.

수일 후 영걸이 헐레벌떡 뛰어왔다.

"큰일났어요!"

학자가 무슨 일인지 묻자 구두를 닦던 10여 명의 아이들이 강제징집으로 현장에서 차에 실린 채 연행돼 갔다는 것이었다. 휴전을 앞두고 전쟁이 막바지로 치닫자 정부는 15세 이상 남자를 무차별 소집했다.

학자는 막막했다. 지금까지 고생만 하며 자라온 아이들이 불쌍했다. 그것도 한꺼번에 10여 명이나 전쟁터에 보내게 된 것. 그녀는 겨우 의자에 몸을 기대었다.

"그래서 어디로 갔지?"

"중앙초등학교에 수용됐는데 면회는 허락되지 않는대요."

"입대는 언제 하나?"

"내일 오전 10시에 목포역을 출발한답니다."

대답하는 영걸도 그 자리에서 힘없이 주저앉았다. 학자는 그날 밤 한숨도 잘 수 없었다. 열 명의 아이들 모습이 눈앞에 아른거렸다.

다음 날 아침 일찍 학자는 여느 때보다 일찍 일어나 모두를 강당에 모이게 했다. 그리고 징병 나가는 아이들을 하나님이 보호해 주시기를 기도했다. 그녀는 밥을 짓고 주먹밥을 만들어 봉투에 넣었다.

오전 9시가 지난 목포역은 사람들로 가득했다. 9시 반이 지나자 군복 입은 젊은이들이 무리지어 역으로 모여들었다. 역 입구에는 군인들이 지키고 있어서 가까이 갈 수 없었다. 부모들이 자기 자식을 부르는 소리로 요란했다. 학자도 10여 명 아이들의 이름을 불렀다.

"재석아! 희덕아! 성대야!"

하지만 어디서도 대답이 없었다. 젊은이들이 열차에 타기 시작했다. 학자는 정신이 없었다. 지금 이곳에서 보지 못하면 영영 이별일지도 모른다. 그녀는 홈으로 뛰어들어 갔다. 어디선가 "어머니!" 하고 부르는 낯익은 소리가 들렸다.

여기저기 한참 둘러보는데 "여기요! 여기!"라며 희덕이가 손을 흔들었다. 창 가까이 다가가자 재석이도, 성대도, 김철도, 아니 공생원에서 징용된 아이들 모두가 얼굴을 내밀고 있었다. "이거 모두 먹어라." 하며 봉투를 내밀었다.

"이게 뭐예요?"

"주먹밥이다. 차 안에서 먹어라."

"어머니! 저희는 군대에서 먹여 주니까 괜찮아요. 저희보다도

원에 남아 있는 동생들에게 주세요."

"걱정 말고 가지고 가거라."

"어머니! 이건 필요 없어요. 하지만 한 가지 부탁이 있어요."

재석이 봉투를 학자에게 다시 주면서 말했다.

"무엇이냐?"

"저희는 태어날 때부터 부모에게 버림받은 고아들입니다. 그러나 공생원에서 데려와 길러 주셔서 어머니를 친어머니처럼 생각하고 자랐습니다. 늘 선생님을 어머니라고 부르게 해주신 것 감사드립니다. 전쟁에 가면 살아 돌아온다는 보장도 없습니다. 다시 한 번 어머니라고 부르게 해주십시오."

"그래, 몇 번이라도 부르렴."

"어머니, 그동안 감사했습니다. 어머니, 다녀오겠습니다. 어머니, 건강하세요. 어머니!"

"모두 건강해라."

그때 기적소리가 울렸다. 차 안에 있는 젊은이들이 일제히 군가를 불렀다.

전우의 시체를 넘고 넘어
앞으로 앞으로
낙동강아 잘 있거라
우리는 전진한다

열차가 움직이기 시작했다. 학자는 힘을 다해 아이들 이름을 불렀다.

"어머니!"

아이들이 외치는 소리도, 모습도 점점 멀어져 갔다. 함께 온 동생들이 "형! 건강하세요"라고 소리치며, 달리는 열차를 쫓았다. 학자는 열차가 보이지 않을 때까지 홈에 서서 "하나님! 이 아이들을 꼭 지켜주세요"라고 기도했다.

20. 함태영 부통령의 방문

　이웅 목사가 대리원장으로 취임하자, 학자는 때를 놓치지 않기 위해 그리스도교 아동복지사회에 원생들을 가입시키기 위한 서류를 만들었다. 이 목사가 이것을 가지고 부산에 간 지 오늘이 사흘째. 내일은 주일이기 때문에 예배가 있다. 오늘은 빨리 돌아오셔야 하는데 무슨 어려운 일이라도 있는 걸까, 학자는 불안했다.
　아이들의 신은 낡았고 그나마 신을 신지 않은 아이들이 많았다. 식사 때 방에서 식당까지 상급반 아이들이 어린 동생들을 업고 가기도 했다. 만약 원조가 온다면 제일 먼저 신을 사줘야겠다고 생각했다. 그렇다 하더라도 이 목사가 너무 늦지 않은가.
　벌써 밤 12시가 되었다. '하나님, 구해 주세요'라고 기도하며 의자에서 일어나는데 누군가가 문을 두드렸다. 문을 열자 현관에 이 목사가 서 있었다.

"윤 선생님! 늦었습니다."

"내일은 주일인데 이렇게 늦으셨으니 얼마나 마음이 급하시겠습니까. 어서 안으로 들어오세요."

학자는 이 목사를 안으로 안내했다. 작은 몸집에 약간 뚱뚱한 이 목사는 서둘러 왔는지 땀을 흘리고 있었다.

"열차가 두 시간이나 연착되어 이렇게 늦었습니다. 복지회에서는 있는 그대로 설명을 했습니다만, 생각보다 까다로웠습니다. 이 사업을 악용하여 부정한 지급을 요구하는 사람이 있었던 것 같습니다. 현장을 확인하지 않고는 원조할 수 없다고 했습니다."

"그래서 어떻게 된 겁니까?"

불안해진 학자는 다급하게 물었다.

"아무리 설명해도 납득하지 않아 부산에 있는 임시국회 의사당에 가서 임기봉 의원에게 부탁했습니다. 그러자 임 의원은 놀랐습니다. 그럴 수가 없다며 크게 노하시고 저와 함께 복지회에 가주셨습니다. 그리고 '국회의원인 내가 책임지고 보장하겠다'고 하자 복지회 측도 한 달 내에 결과를 통지하겠다고 약속했습니다."

"그럼 오늘 밤은 늦었으니 이만 실례하겠습니다."

이 목사는 돌아갔다. 그리고 한 달이 지나서야 CCF에서 통지가 왔다. 신청한 197명 모두 가입이 인정된 것이다. 학자는 곧 영걸이 등에게 아이들을 초등학교에 입학시키는 수속을 밟게 했다. 각각 나이에 맞는 학년의 편입시험을 본 결과 유달학교에 7명, 서부학교에 25명, 1학년에 입학하는 31명을 합쳐 모두 63명의 어린이들이 일반 아동과 어깨를 나란히 하며 공부할 수 있는 길이 열리게 되었다.

처음으로 학교에 가는 날 아침, 학자는 원생들을 모두 강당에 모이게 했다. 이날은 공생원 아동들이 처음으로 초등학교에 가는 날이다. 강당에는 축하의 만국기를 장식하고 관일이의 지휘로 모두가 찬송을 불렀다.

나의 기쁨 나의 소망 되시며
나의 생명이 되신 주
밤낮 불러서 찬송을 드려도
늘 아쉬운 마음뿐일세

원생들은 모두 들떠 힘 있게 노래했다. 고아들도 여느 아이들과 어깨를 나란히 할 수 있다는 자신이 생겨 그들의 눈은 빛나고 있었다. 학자는 연단 위에서 아이들을 바라보았다. 치호가 살아 있어서 이 광경을 본다면 얼마나 기뻐할까 생각하니 가슴이 미어지는 것 같았다.

"여러분! 오늘은 우리에게 언제까지나 기념할 날입니다. 천국에서는 ('윤치호 원장님께서'라는 말을 꾹 참고) 하나님께서 이 공생원을 보시며 축복해 주고 계십니다. 오늘 63명의 우리 어린이들이 입학하게 된 것을 축하합시다. 나이가 많은 형들, 언니들도 학교에 가고 싶겠지만 사회에는 여러 가지 규정이 있어서 생각대로 그럴 수가 없습니다. 그러나 학교에 가지 못하는 여러분은 세 분 선생님이 열심히 가르쳐 주실 테니까 다른 사람에게 지지 않도록 해야겠습니다."

학자는 입학하는 어린이들에게 당부했다.

"오늘부터 학교에 가는 여러분은 열심히 공부하고 바른말을 사용하고 다른 학생들의 모범이 되는 훌륭한 사람이 되어 주렴. 그리고 나도 여러분의 입학식에 가고 싶지만 몸이 하나여서 어쩔 수가 없구나. 대신 세 분 선생님 가운데 두 분이 가실 것이다. 할 말은 더 있지만 입학식에 늦게 되니 이만 하겠다."

학자는 입학하는 아이들을 정문까지 배웅했다.

그날 밤, 학자는 각 반을 점검하기 위해 시설을 돌았다. 이 일은 치호가 행방불명이 된 후 한 번도 걸러 본 적이 없는 일과였다. 그런데 초등반의 방에 불빛이 보였다. 이 밤중에 웬 일일까? 안에 들어가니 잠버릇이 나쁜 아이들은 이불도 덮지 않은 채 자고 있었다.

학자가 이불을 덮어 주면서 살펴보니 여덟 명의 아이들이 옷을 입은 채 자고 있었다. 한쪽에는 풀을 담은 그릇과 붙이고 남은 봉투가 널려 있었다. 그 곁에 램프가 켜져 있었다.

"모두 일어나 보아라. 너희들 이 방에서 무엇을 했느냐?"

"봉투를 만들고 있었습니다."

봉투 만드는 것은 열 살 이상의 아이들에게만 시켰다. 그런데 이 아이들은 일곱 살 전후다. 얼마나 갸륵한 아이들인가. 이 조그마한 손으로 봉투를 만들다니……. 학자는 소리 없이 울었다.

1953년 4월 하순. 공생원 운동장에는 따뜻한 봄볕이 내리쬐고 있었다. 주일예배에 다녀온 학자는 아이들의 축구시합을 지켜보고 있었다.

그때 "와! 자동차다! 손님이다"라는 소리와 함께 응원하던 아이들이 정문 쪽으로 달려갔다. 학자는 "누굴까?" 하며 정문 쪽으로 눈을 돌렸다. 여러 대의 지프차가 운동장으로 들어왔다. 원생들은 시합을 멈추고 지프차 주위를 둘러쌌다. 차에서 내린 사람은 임기봉 의원이었다.

놀란 학자가 달려가 "어서 오세요. 임 의원님!" 하고 인사를 했다. 임 의원은 "윤 선생! 오랜만입니다. 힘드셨지요"라며 차 안에 앉아 있는 노신사를 소개했다.

"윤 선생! 함 부통령 각하이십니다."

학자는 부통령이라는 말에 얼굴을 들지 못했다.

"어서 오십시오. 이런 누추한 곳을 찾아 주시다니 어찌 할 바를 모르겠습니다."

겨우 이렇게 말하고 학자는 고개 숙여 인사를 했다.

"저는 함태영입니다. 고생이 많으시다고 들었습니다."

함 부통령은 자애 넘치는 목소리로 자기소개를 하고 학자에게 악수를 청했다. 그러고는 함께 온 일행에게 "모두 이리 오셔서 윤 선생께 인사 하시오." 하고는 그를 둘러싼 아이들의 머리를 쓰다듬었다. 그 자리에는 도지사를 비롯하여 경찰국장, 목포시장, 교육장, 경찰서장 등이 함께했는데, 학자는 누가 누군지 분간할 수가 없었다.

"갑작스런 방문으로 깜짝 놀라셨지요."

임 의원은 만면에 미소를 지으며 학자에게 말을 건넸다.

"예, 너무나 갑작스러워서 어떻게 해야 할지 모르겠습니다."

"각하께서는 부인을 위로하기 위하여 특별히 시간을 내주셨습니다. 그런데 이웅 목사가 보이지 않습니다."

"예, 오늘은 주일입니다. 교회 일이 있어서……."

"아! 그렇군요. 그럼 부인이 안내해 주시겠습니까? 각하는 부인과 공생원에 깊은 관심이 있습니다."

그렇게 말하고는 함 부통령에게 견학을 권했다. 부통령 일행은 초급반 숙소를 비롯하여 중급반, 상급반 그리고 연장자 숙소, 취사장, 식당, 강당까지 모두 둘러보았다.

함 부통령은 "윤 선생의 인류애에 관해서는 임 의원에게 들었습니다. 사람들이 모르는 고생을 많이 하셨다고 들었습니다. 나는 철저한 배일주의자입니다. 부인의 나라 일본에 지금도 증오감이 있습니다. 그러나 윤 선생의 노력에는 마음으로부터 존경하고 있습니다. 인류애에는 민족도 국경도 없다는 사실을 여기 와서 실감하게 되었습니다."

이렇게 말하고 다시 한 번 학자에게 "하얀 저고리와 검은 치마를 입고 있는 윤 선생을 만나 보고 한층 감명을 받았습니다. 앞으로도 어려움이 많으실 것입니다. 실망하지 말고 힘을 내주십시오. 정부도 가능한 한 협력할 것입니다. 건강에 주의하시고, 시련을 이겨 내십시오"라며 격려했다. 함 부통령은 자기 딸을 대하듯 손을 잡고 악수를 했다.

"감사합니다. 감사합니다."

학자는 가슴이 뜨거워지는 듯한 감격으로 몇 번이나 인사를 했다.

사흘 뒤 전라남도 구호위원회가 함 부통령의 특별 지시에 의해 트럭 두 대분, 600개의 상자에 담긴 구호물자를 보내 왔다. 운동장에 산처럼 쌓인 구호물자를 상급반 남자 아이들이 수량을 확인한 다음 창고에 쌓았다.

21. 고민할 때 큰 힘이 되어

그해 10월 중순 오후, 누군가가 학자의 방을 두드렸다. 문을 여니 군복을 입은 한 청년이 서 있었다.

"어머니! 돌아왔습니다."

"재석이, 재석이가 아니냐! 빨리 들어오너라. 제대했구나. 그동안 고생 많았다. 의자에 앉아라."

전쟁 와중에 상처받은 한 마리 새가 지금 둥지로 돌아왔다. 학자는 울먹이며 말했다.

"재석아! 어디서 다친 거니?"

"철원 격전입니다."

"그래, 힘들었겠구나. 희덕이와 상기, 성대며 나머지 얘들은?"

"예, 희덕이는 평양 근처에서, 상기는 원산, 성대는 개성에서 철수할 때 전사했습니다. 함께 간 거의 모두가 전사했습니다."

학자는 비수로 가슴을 찔리는 듯한 아픔을 느꼈다. 생명을 다해 키운 사랑하는 아이들이 거의 죽었으며 재석이는 한쪽 다리를 잃고 돌아온 것이다.

"희덕이가 전사할 때 바로 곁에 있었습니다. 가쁜 숨을 몰아쉬며 제게 말했습니다. '재석아! 너는 죽지 말고 살아서 꼭 돌아가 공생원을 지키고 어머니를 위하여……' 하는 것이 그의 마지막 말이었습니다."

"희덕이가, 희덕이가 그런 말을……."

학자는 거기까지밖에 말을 못하고 고개를 숙인 채 양손으로 얼굴을 가리고 흐느꼈다.

"상기도 성대도 같은 말을 하고 싶었을 겁니다. 저도 전쟁 중에 계속 그런 생각을 했습니다. 공생원이나 어머니를 보호하기 위해서라면 언제 죽어도 좋다는……."

학자는 마음을 가다듬고 "재석아! 너희들 덕택에 공생원은 이렇게 잘 나아가고 있지 않니. 고맙다"라며 고개를 숙였다.

"어머니! 저희는 공생원을 지키고 한 사람이라도 더 행복해지는 것이 기쁨입니다. 죽은 친구들은 반드시 천국에서 기뻐해 줄 겁니다."

그해 봄, 일본에 계신 어머니 하루에게서 8년 만에 편지가 왔다. 눈이 매우 나빠지셨는지 아래위 글자가 크기가 안 맞았지만 읽을 수는 있었다.

치즈코! 지금 고치의 밤하늘에서는 많은 비가 내리고 있다. 조선의 겨울은 지금도 매우 춥겠지? 같은 하늘 아래 살면서 왜 우리는 이렇게도 멀까? 그때 너와 헤어진 것은 괴로웠지만 이미 8년이라는 긴 세월이 지났구나. 서로 편지 한 통 없이 침묵 속에 긴 세월이 지났구나.

윤 원장도 건강하느냐? 귀여운 손자들은 잘 자라고 있느냐. 궁금하구나. 조선에서 전쟁이 있었다는 것을 어머니는 최근에야 알았단다. 누구보다 먼저 알았어야 하는데.

어머니는 이제 70세가 되었다. 그리고 눈이 잘 보이지 않아 세상이 어떻게 돌아가고 있는지도 모르겠다.

많이 참고 참았지만 너희들이 걱정되어 펜을 들고 말았구나. 어리석은 어머니를 원망하지 말고 이 편지를 읽어 주기 바란다. 추운 겨울은 가난한 너희들에게 얼마나 고통스러울까. 그리고 저 불쌍한 아이들은 어떻게 키우고 있는지 걱정이다.

걱정은 이뿐만이 아니다. 그러나 이국땅에 외동딸인 너를 남겨두고 온 어머니로서는 네가 열심히 사는 것만이 보람이란다.

생각하면 할수록 잠이 오지 않는 밤을 몇 해 동안 너희를 생각하며 지내 왔다.

주일 예배에 참석하여 너희를 위해 기도하는 일과 세상에 태어나는 아이들의 소리를 듣는 것을 작은 기쁨으로 삼고 어머니는 살아가고 있다.

지금은 눈도 잘 안 보이고 안경조차 무겁게 느끼는 날이 많단다. 편지도 이걸로 마지막이 될지도 모른단다. 한 번만이라도 좋으니 편지를 주렴. 그럼, 건강해라.

1953년 11월 20일 어머니로부터
사랑하는 딸 치즈코에게

학자는 어머니의 편지를 몇 번이나 읽고 또 읽었다. 젊을 때는 건강하신 어머니였다. 그런데 양쪽 부모들로부터 결혼을 인정받지 못하고 어린 딸을 데리고 타국 땅에 와서 남편을 먼저 보낸 후 조산부를 하면서 딸 하나를 키웠다. 그 딸이 주위의 반대를 무릅쓰고 타국 사람과 결혼하는 것을 허락한 어머니였다.

"너는 네가 선택한 길을 가거라!" 하고는 패전 후의 일본에서 혼자 살아온 강한 여인! 그의 강인함은 이제 이 편지의 어디에도 찾을 수 없다. 늙은 어머니의 외로움만이 학자의 가슴을 조여 왔다. 학자도 지난 8년간 안부편지 한 통 없이 불효를 해왔다.

학자는 바로 답장을 쓰려 했다. 그러나 전쟁 때문에 남편이 행방불명된 일, 공생원의 많은 사건 등으로 쓸 것이 너무 많아 어떻게 할지 몰랐다. 어머니와 만나고 싶다. 일본에 가고 싶다.

결혼 후 학자는 처음으로 모국에 향수를 느끼며 그날 밤을 눈물로 새웠다.

같은 해 12월, 크리스마스가 일주일 뒤로 다가왔는데 오랜만에 공생원에 모습을 나타낸 원장 대리 이웅 목사가 뜻밖의 선언을 해 가슴을 철렁하게 했다.

"윤 선생! 이번에 나도 고아원을 경영하게 되었습니다. 윤 선생 한테는 미안하게 되었지만, 그 준비로 지금까지 바빴습니다."

학자는 망치로 머리를 맞은 느낌이었다. 이웅 목사가 원장 대리로 취임한 이래, 교회 일 외에는 매일같이 출근하고 여러 모로 도움을 주었다. 그런데 일주일 정도나 전혀 얼굴을 비치지 않았다. "무슨 일일까" 하는 예감은 있었지만 고아원을 새로 시작한다니…….

"그럼 원장 대리는 어떻게 되는 겁니까?"

"당연히 사직해야지요. 그리고 여기 있는 원생들에게 CCF의 원조를 하게 해준 것은 나니까 전부라고는 할 수 없지만 반 가량의 원생들은 내가 맡을 권리가 있습니다. 그건 확실히 합시다. 그럼."

이 목사는 할 말만 하고 가버렸다. 학자는 다시 불안해지기 시작했다. '이 공생원은 어떻게 되는 걸까?' 학자는 이 목사의 말을 당분간 혼자만 알기로 했다.

이틀 뒤, 언제나처럼 아이들은 운동장에 나와 영걸의 호령에 맞추어 체조를 시작했다. 그러나 원생들은 아직도 자고 있는지 운동장에 나온 수가 너무 적다.

영걸이 앞줄 아이들에게 방에 가서 전부 데리고 나오라고 했다. 아이들이 달려갔다 곧 돌아와서는 아무도 없다고 했다.

아침식사 후 학자는 영걸, 관일, 현순과 회의를 했다. 학자가 없어진 원생들을 조사한 결과 상급반 29명, 중급반 19명 등 모두 48명이나 되었다. 학자가 "짐작이 가는 일이 있으니 놀라지 않아도 된다"고 하자 모두들 흥분했다.

"이웅 목사가 일주일 정도 보이지 않는데, 이 일과 관계된 게 아닙니까. 조사해 보면 알 건데요."

"괜찮아요. 하나님께서 모든 것을 알고 계시니까."

학자는 이웅 목사를 나쁜 사람이라고 말하고 싶지 않았다. 그에게도 무슨 사정이 있을 것이다. 지금까지 원장 대리를 맡아 준 그를 비방해서는 안 된다고 생각했다.

점심식사 종을 치고 학자가 식당 쪽으로 가려는데 없어졌던 아이들 중 네 명이 탱자나무 담을 넘어 들어오려고 서성거리고 있었다. 학자가 아이들을 들어오게 한 후 자초지종을 물었다. 그러자 상급반 아이가 무릎을 꿇고 울기 시작했다. 얘기를 들어 보니 전날 밤 이웅 목사 밑에서 일하는 박용택이라는 청년이 숙소에 들어와 "너희들에게 매우 좋은 일이 있다. 너희들을 대학에 보내 주겠다"라며 돈을 주고 아이들을 데리고 갔다는 것이다. 개인 집에 모두 갇혀 있는데 자기들만 도망쳐 나왔다며 용서를 빌었다.

점심을 먹고 학자는 영걸이 등을 앞세우고 아이들이 가르쳐 준 곳으로 향했다. 그곳은 개인 집으로, 건장한 체구의 청년들이 다섯 명이나 지키고 있었다. 학자가 아이들의 소식을 묻자 청년들은 "아이들이 공생원을 싫어해서 지금 보호 중"이라며 우겼다.

학자는 청년들과는 얘기가 되지 않을 것 같아 경찰서로 향했다. 양재철(梁在喆) 경찰서장은 전부터 안면이 있었다. 양 서장은 학자를 반갑게 맞이해 주었다. 학자는 경찰서를 찾게 된 연유를 식은땀을 흘리며 얘기했다.

"고아원과 목사, 세상에 보기 드문 일이군요. 그러나 인간은 누구나 욕심이 생기면 상식 밖의 일을 하는 것입니다. 아무튼 이 지역에 일어난 문제니까 책임을 느낍니다. 갇혀 있는 아이들을 한 시간 안에 공생원으로 돌려보내 드리지요."

그렇게 말하고는 테이블 위의 벨을 눌렀다. 이내 노크 소리가 나고 가죽잠바를 입은 형사가 들어왔다. 양 서장은 학자에게 "여기 지도를 그려 달라"고 했다. 그리고 경찰을 출동시키도록 했다. 학자는 망설이다가 "아이들이 무사히 돌아오면 그것으로 만족할 테니 비밀로 해달라"고 간청했다.

양 서장은 "잘 알았습니다. 목포 시민들도 깜짝 놀랄 일이지만 비밀로 하겠습니다. 하지만 이웅 목사에게는 더 이상 일을 일으키지 않도록 하겠습니다"라고 약속했다.

22. 성윤이의 죽음과 사회부 장관과

이웅 목사 사건이 정리되고 공생원도 무사히 해를 보냈다. 학자는 신년이 되자 네 명의 직원을 채용하고 정영걸을 총무로 임명했다. 정영걸을 장차 공생원의 책임을 맡을 인물로 보고 그해 3월 신학기에 전남대학 상학부에 입학시켰다.

이제 전쟁도 끝나 고아가 늘지 않을 거라고 생각했지만 영아를 버린 사람들이 있었다. 미혼모가 아이를 낳아 버리는 것이었다. 그래서 공생원에서는 영아반을 신설하여 30여 명의 영아를 위하여 김정옥(金貞玉)을 책임자로 하고 두 명의 보모와 세 명의 상급반 원생을 배치했다. 김정옥은 숙명여고 출신으로 상업은행 서울 종로지점에서 6년간 근무하고 결혼하여 다섯 자녀를 둔 주부였다. 원생들을 잘 돌보고 대인관계도 원만해 인기가 있었다.

하지만 영아는 한 명의 보모가 한 명을 키우는 것도 어려웠다.

아프거나 우유를 토하는 아이들이 계속 나왔다. 매일 목욕을 시켜도 피부가 진물렀다. 학자는 영아실에 매일같이 들러 보살폈다.

어느 날 학자가 영아실을 나오는데 젊은 부부가 서 있었다.

"누구일까?" 하며 보니 갑자기 젊은 남자가 달려왔다. 그러고는 "역시, 어머니시군요. 선생님! 저 김성윤입니다"라며 양손으로 학자의 손을 잡았다. 두 눈에는 눈물이 흘렀다.

"아니! 성윤이가 아니냐? 정말 오랜만이구나. 무사히 잘 있었느냐!"

학자는 이렇게 말하고 울고 있는 성윤이의 어깨를 만졌다.

"제가 이곳을 나간 지 5년이 되었습니다. 그동안 혼자 고생 많으셨지요?"

"고생이라고는 할 수 없지만 원장님께서 안 계신다는 소식은 어디서 들었느냐?"

"오늘 동네 사람에게 들었습니다."

그렇게 말하고는 옆에 있는 여성에게 "어머니께 인사도 하지 않고 왜 그렇게 있는 거야?"라며 면박을 주었다.

"어머니! 더 일찍 왔어야 했는데 늦어서 죄송합니다."

"괜찮다. 와준 것만으로도 고맙구나."

"선생님 이야기는 예전부터 듣고 있었습니다. 만나 뵙게 되어 기쁩니다."

학자는 그녀가 안고 있는 어린애를 받았다. 평온하게 잠들어 있는 어린애는 눈썹이 연하고 피부가 하얘서 성윤이를 꼭 닮았다.

"귀여운 애구나. 왕자님인가, 공주님인가."

"여자애입니다. 오늘이 백일입니다."

"그럼 축하해야겠네."

"아닙니다. 여기 온 것만으로도 저는 충분하고 기쁩니다."

"너희들 아직 식사 전이지. 함께 식사하자."

학자는 아이를 안고 성윤 부부를 식당으로 안내했다.

그날은 수요일이어서 밤에는 기도회가 있었다. 학자는 기도회에서 성윤 부부를 소개했다. 기도회가 끝난 후 이들 부부를 손님 숙소로 안내하고 학자는 방으로 돌아왔다.

이날 밤 학자는 잠이 오지 않았다. 오늘도 한 마리 새가 둥지를 찾아 들어왔다. 그것도 아름다운 부인과 아이와 함께. 이런 것이 삶의 보람인가? 학자의 가슴은 기쁨으로 넘쳤다. 어렵고, 슬프고, 힘들게 살아왔다. 그러나 하나님은 또 이 아이들로 인해 기쁨을 주셨다. 학자는 이런 생각을 하며 잠이 들었다.

아침에 눈을 떴을 때는 6시였다.

"아, 늦었다."

그녀는 몸단장을 마치고 종을 치러 밖으로 나갔다. 비가 세차게 내리고 있었다. 땡 땡 땡, 그녀는 종을 치고 난 다음 영아실을 둘러보았다. 벌써 출근한 김정옥이 영아들의 기저귀를 갈아 주고 있었다.

"잘 주무셨습니까? 어젯밤엔 우는 아이는 없었습니까?"

"예, 모두 잘 잤습니다."

"늘 감사합니다"라며 학자는 정옥의 등을 두드려 주었다. 그런데 어디선가 아이 우는 소리가 들렸다.

정옥이가 "어젯밤에 머무른 젊은 부부의 방"이라면서 "어쩔 수 없는 부부들"이라며 혀를 찼다. 학자는 젊은 부부들이 피곤하여 잠이 들어 있나 보다 생각하고 숙소에 가보았다.
　"저도 따라가죠." 정옥이가 앞장섰다. 숙소에 가니 문이 열려 있었다. 이상하다고 생각하며 방에 들어간 순간 깜짝 놀랐다. 젊은 부부의 모습이 보이지 않았다. 이불에서 나온 아이는 발버둥 치며 울고 있었다.
　정옥이가 그 어린애를 안고 자기 젖을 물려 주자 어린애는 비로소 울음을 그쳤다. 이불 옆에는 한 통의 편지가 놓여 있었다. 학자는 불안감이 스쳤지만 그 편지를 읽기 시작했다.

　사랑하는 어머니! 오늘은 정말 즐겁고 행복했습니다. 그러나 이 같은 죽음을 어머니께 알려야 하는 불효를 용서해 주십시오.

　"이건 유서가 아닌가."
　학자는 밖을 향해 소리쳤다.
　"누구 와보세요."
　"무슨 일이십니까?"
　정옥이가 물었다. 학자는 말이 나오지 않았다. 다시 편지를 읽기 시작했다.

　자살은 하나님에 대한 가장 큰 죄악이라는 것을 저희는 알고 있습니다. 그러나 저희는 죽을 수밖에 없습니다. 얼굴도 모르는 저를 지금까지 키워 준 어머니께 등을 지고 죽는 것이 죄송합니다. 그러나 어쩔 수가 없었습니다. 어머니의 은혜는 저세상에 가서도 영원히 잊을 수 없을 것입니다.

공생원을 나와 지낸 과거 수년간은 정말 괴롭고 슬픈 날의 연속이었습니다. 돈도 없고 기술도 없는 저는 어떻게 살아야 할지 몰랐습니다. 고아원 출신이라는 것 때문에 차별대우하는 사람들 속에서 이렇다 할 교육도 받지 못한 저는 아무리 노력해도 할 수가 없었습니다. 세상의 차가움에 울 수밖에 없었습니다.

실은 저의 집사람도 고아원 출신입니다. 아무리 결심해도 세상은 우리에게 너무도 잔혹했습니다. 어제는 어머니의 따뜻한 애정을 느끼며 정말 행복했습니다. 그리고 마지막 행복을 남기고 죽을 결심을 한 것입니다. 어머니 앞에서의 행복한 하루는 영원히 잊지 못하는 날이 될 것입니다.

정말 감사드립니다. 마지막으로 남기고 가는 이 아이는 아직 이름도 붙여 주지 못했습니다. 예쁜 이름으로 해주세요. 그리고 저를 사랑해 주신 것처럼 이 아이도 사랑해 주세요. 부모가 고아였기 때문에 이 아이까지 고아로 하면 안 된다고 생각하면 슬픈 일이지만 할 수 없다며 포기했습니다.

1954년 1월 4일생. 이것만이 자신의 생일도 모르고 자란 부모들이 남기고 간 우리 아이에게 주는 마지막 유산이라고 생각합니다.

제 성명은 확실하지 않으므로 물려줄 필요가 없습니다. 또 아무 의미도 없을 것입니다. 어떻든 이런 불쌍한 부모가 있다는 것을 이 아이에게는 비밀로 해주십시오. 어머니께는 많은 은혜를 받았으면서도 죽음까지 의혹을 사게 한다고 생각하면 어찌할 바를 모르겠습니다. 손수건에 싼 적은 돈으로 이 아이가 크면 운동화 한 켤레라도 사주세요.
어머니! 자애가 많으신 어머니의 목소리를 듣고 싶습니다. 그럼 건강하십시오. 오래오래 살아 주십시오. 저희는 지금 약을 먹고 저 푸른 바다를 향해 가고 있습니다. 어머니! 건강히 오래 사세요.

김성윤 배상

다 읽고 난 학자는 깊은 비탄에 싸였다. 영걸과 현순이 달려왔다.

"어머니! 무슨 일이 있으세요?"

"이것, 이것 좀 보세요. 어제 온 성윤이 부부가 약을 먹고 바다에 들어간다고 쓰여 있어요."

학자는 손을 떨며 편지를 이불 위에 떨어뜨렸다. 영걸과 현순이가 밖으로 뛰어나갔다. 학자도 뒤를 쫓았다.

"하나님, 제발 죽지 않게 해주세요."

학자는 기도하며 달렸다. 길이 아직 포장되어 있지 않아 곳곳에 물 웅덩이투성이여서 학자는 빠질 듯하며 비틀거렸다. 앞서 가던 영걸이 학자의 손을 잡고 빗속을 달려갔다.

"정 선생! 여기서부터 아기바위 근처까지가 가장 깊은 곳이죠?"

"그렇습니다. 가장 위험한 곳입니다."

그런데 아기바위 근처에서 사람들이 웅성대는 소리가 들려왔다. 그곳에는 남녀 한 쌍의 신발이 놓여 있었다. 이를 본 순간 학자는 그 자리에서 쓰러지며 통곡했다.

이틀 후 아기바위에서 2킬로미터쯤 떨어진 해안 근처에서 조개를 줍던 소녀들이 두 사람의 시체를 보았다고 연락이 왔다. 학자가 가겠다는 것을 영걸이 말렸다.

"저희가 다녀오겠으니 어머니는 여기서 기다려 주세요."

"아니다. 내 눈으로 보지 않으면 안 된다."

영걸은 아이들에게 들것 두 개를 갖고 오라 하고는 학자와 먼저 달려갔다. 그러나 학자는 숨이 막혀 달릴 수가 없었다. 해안가 바위에는 두 사람의 시체가 있는데 김성윤의 왼쪽 손과 그의 부인 오른쪽 손이 새끼줄로 묶여 있었다. 학자는 그 자리에 주저앉아 실신한 사람처럼 움직이지 않았다.

한참 후 학자는 화난 사람처럼 소리쳤다.

"자살이 아니야. 죽임을 당한 거야. 냉정한 사회가 죽인 거야. 무력한 나는 이걸 몰랐어."

학자는 다시 울었다.

이들 부부가 죽은 지 두 달쯤 지났다. 이 사건 이후 학자는 혼자 생각에 빠져드는 날이 많았다. 그날은 토요일이었으므로 아이들이 일찍 돌아왔다. 학자는 공생원 앞에 펼쳐진 푸른 바다를 바라보며 성윤이 부부의 아픈 죽음을 생각했다. 벌써 여름이다.

운동장에 있는 포플러 나무에서는 매미가 울고 있었다. 학교에서 돌아온 영걸은 가까이 와서 "어머니! 바다에 가볼까요" 하고 권했다. 학자가 따라 걷기 시작하자 영걸은 입을 열었다.

"요즘 어머니 얼굴이 좋지 않아요. 걱정이라도 있으신가요."

"아이들은 먹는 것만으로는 안 돼. 앞으로 제2, 제3의 성윤이가 나올지도 몰라. 그래서 시청 사회과에 가서 직업훈련시설을 만들어 달라고 몇 번이나 부탁했단다. 그러나 길이 없구나. 공생원으로서는 어떻게든 먹는 문제만큼은 해결하겠지만 기능공을 육성하는 사업까지는 어렵구나."

학자는 깊은 우수에 잠겼다. 두 사람은 얘기를 나누면서 어느새 해안까지 걸어왔다. 공생원 뒤쪽에는 유달산이 있다. 바다 건너편에는 고하도가 여름 햇살을 듬뿍 받고 있었다. 그 사이로 가끔씩 어선이 지나가고 있었다.

얼마 전, 원장 대리 일로 학자와 영걸, 관일, 현순이 사이에 의견이 갈렸다. 학자는 공석 중인 원장 대리를 밖에서 모셔 오자고 했고, 세 사람은 일련의 사건 등을 들어 외부 사람은 신뢰할 수 없다며 반대했다. 그들은 원장 대리를 두는 곳은 공생원뿐이라며 현행 체제로 가자고 주장, 결국 합의에 이르지 못했다. 학자는 유감스러웠다. 지금까지 몇 번이나 한국 국적을 취득하려고 귀화 수속을 했지만 번번이 기각되었다. 일본인을 싫어하는 이승만 대통령이 이를 허락하지 않았다. 이렇게 어려운 일이었다면 결혼과 동시에 귀화했어야 했는데, 하고 생각했다.

해안에는 큰 바위가 하나 있었다. 그들은 바위 위에 앉아 얘기를 계속했다. 영걸이 입을 열었다.

"실은 어머니! 저도 같은 생각을 했습니다. 그런데 우리 대학에 천옥환이라는 교수가 있는데 오늘 수업이 끝나고 우연히 천 교수와 이야기할 기회가 있었습니다. 마침 공생원 애기를 하다가 원의 연혁과 운영 사정을 자세히 이야기했습니다. 그러자 천 교수는 감동한 모습이었습니다. 그의 대학 후배 박상운이라는 사람이 지금 사회부 장관 비서관인데 힘이 되어 줄 거라며 오늘 중으로 공생원의 사정을 편지로 써서 보내겠다고 했습니다. 원장 대리의 피해를 없애기 위해서라도 대표자 자격 규정을 고쳐야 한다는 것이었습니다. 그와 동시에 원생들의 장래를 위한 직업 보도(輔導)의 일환으로 생산성 있는 부대사업을 계획하여 이에 대한 원조를 요청하도록 친절하고 자세하게 가르쳐 주셨습니다."

그로부터 5일 후, 학자와 영걸은 서울행 야간열차를 타기 위해 출발 2시간 전에 공생원을 나왔다. 비가 내릴 것 같았다. 목포역 근처까지 왔을 때 동양통신 목포지사 김용준 지사장을 만나 서울행의 목적을 이야기했다.

그러자 김 지사장은 "정 군! 서울에 가면 우리 본사 이지웅(李志雄) 기자를 한번 찾아가 보게. 이 기자는 사회부의 호남 담당이야"라고 친절하게 설명해 주었다. 격려도 잊지 않았다.

"윤 선생! 큰 성과 올리기를 기도하겠습니다. 몸조심하시고 다녀오세요."

오후 7시에 목포역을 출발한 야간열차는 다음 날 아침 7시에 서울역에 도착했다. 두 사람은 곧바로 박상운 비서관의 집을 찾아갔다.

박 비서관은 천 교수의 편지를 받았다며 반갑게 맞이했다. 박 비서관은 천 교수의 편지를 읽고 박술음 장관에게 공생원의 어려운 사정을 설명했다면서 최대한의 배려를 약속 받았다고 했다.

박 비서관은 아침식사를 대접한 후 두 사람을 데리고 사회부로 장관을 만나러 갔다. 장관은 밝고 따뜻하게 맞이하면서 학자의 노고를 치하하고는 도울 수 있는 범위에서 최대한 도와주겠다고 했다. 학자는 그러나 정작 원장 대리 문제는 부탁하지도 못하고 자리를 물러났다. 나중에 영걸이 "왜 대표자 문제는 부탁하지 않으셨습니까?"라고 묻자 "남을 믿지 못하는 자신의 약점을 드러내는 것 같아 썩 내키지 않아서였다"고 대답했다.

장관을 만난 후 두 사람은 동양통신으로 이 기자를 만나러 갔다. 이 기자는 말쑥한 청년이었다. 이 기자는 학자에게 "윤 선생님의 지금까지의 생애는 참으로 극적이며 인류애의 숭고한 기록"이라고 칭송하면서 "제가 얼마만큼이나 도울 수 있을지 모르겠지만 뭔가 도움이 되었으면 한다"며 적극적인 협조를 약속했다. 학자는 이 기자와 식사를 함께하면서 오랜만에 즐거운 시간을 가졌다.

그날 밤 두 사람은 열차를 탔다. 잠도 자지 않고 공생원의 앞날에 관해 이런저런 이야기를 나누었다. 그리고 후임 원장으로 동부교회 이귀동 목사를 영입하기로 했다.

이 목사는 쾌히 승낙했다. 원장 대리가 된 그는 공생원을 위해 헌신하면서 영적인 지도도 맡았다. 이 목사가 원장 대리로 있는 동안 공생원은 비약적인 발전을 이루었다.

23. 진주의 노래

　해변의 진주조개는 거친 파도에 실려 오는 딱딱한 모래알이 껍질 안으로 파고드는 바람에 여기저기 상처가 생긴다. 조개는 이 이물질을 밖으로 내보내려고 안간힘을 쓰지만 그럴수록 이물질은 속으로 점점 파고든다. 그래서 진주조개는 이 이물질을 아예 동화시키기 위해 진주질을 분비해서 아름답고 빛나는 진주를 만들어 낸다.
　학자의 생애도 어쩌면 이와 같을지 모르다. 그녀는 자신에게 닥친 온갖 시련을 오로지 하나님의 뜻으로 알고 견디어 냈다.
　진주가 흠집 한 점 없는 완전무결한 보석으로 만들어지듯 학자도 하나님이 만든 걸작품으로서의 격을 갖추어 갔다. 그러나 학자에게 김성윤 부부의 자살은 엄청난 충격이었다. 이제까지 피눈물로 일구어 온 복지사업이 실패로 끝났다고 여길 정도였으니까.

그녀가 타계한 후 장남 윤기의 시대에 이르러 서울소년소녀직업훈련원(전 한남직업전문학교, 현 서울시 중부기술교육원)이 탄생하게 돼 매년 2천 수백 명의 기능인이 배출되고 있는 것은 모두 학자가 뿌린 씨앗이다. 학자는 매일 격무에 시달려 고치에 혼자 계시는 어머니가 어떻게 지내시는지 생각할 겨를도 없었다. 어머니로부터 1953년 마지막 편지를 받은 이래 소식이 끊어진 채였다.

1961년 4월, 학자에게 고향을 방문할 수 있는 길이 열렸다. 오사카에서 〈그리스도교 대중신문〉을 발행하고 있는 사이토 도시오(斉藤敏夫) 목사가 한국에서 사회복지사업을 펼치고 있는 학자를 초청한 것이 계기가 됐다.

학자는 도쿄 하네다 공항에 내렸다. 그녀는 일곱 살 때 현해탄을 건너 한국에 온 이래 어머니를 따라 한 번 귀국한 적이 있지만 귀국다운 귀국은 이번이 처음이다. 무려 43년 만에 조국 땅을 밟는 것이다. 공항에는 꿈에도 그리던 얼굴들이 마중을 나왔다. 그 가운데는 그녀의 목포고녀 은사로 신앙심을 심어 주고 세계관을 열어 주었을 뿐만 아니라 치호와 인연을 맺어준 다카오 선생도 있었다.

"다카오 선생님!"

막상 선생님을 불러 보았지만 다음 말이 이어지지 않았다. 하고 싶은 말이 너무 많아 무슨 말을 먼저 해야 할지 정리가 되지 않았다. 다카오 선생은 말 없이 학자의 손을 꼭 쥐었다. 선생의 눈에는 눈물이 가득 차 있었다. 아무 말도 없었지만 이렇게 말하는 것 같았다.

"고생 많았지, 얼마나 힘들었겠어, 그렇지만 잘 견뎌 주었구나……."

다카오 선생은 목사를 그만두고 한국에 건너와 이상적인 교육을 하려 했지만 결국 꿈을 펼치지 못했는데 제자 학자가 대신해서 그 이상을 실현해준 데 감사의 마음을 표한 것일 게다. 그러나 학자 혼자 이국땅에 남겨놓은 채 고생을 감내하게 한 데 대한 자책감으로 뭐라고 할 말이 없었던 것이다.

그날 학자는 우선 이번에 자신을 초청해 준 일본 그리스도교단 본부를 방문하고 인사를 드렸다. 도쿄에 살고 있는 '목포회' 인사들을 만난 후 목포고녀 출신들의 모임 '새 잎'에도 참석했다. 도쿄 일정을 마친 그녀는 5월 18일 드디어 고향 고치에 도착했다. 역에는 어머니 하루가 친척에게 몸을 의지한 채 마중 나와 있었다.

"치즈코……."

어머니는 자식이 몇 살이 되어도 늘 어린애로 보이는 법이다.

"어머니……."

학자는 나이 든 어머니의 얼굴을 보면서 혼자 계신 어머니가 고독을 견뎌 가며 이국 땅에서 고생하고 있는 딸을 생각하는 모습을 떠올렸다. 그녀의 눈에도 눈물이 가득 고였다. 어머니는 "잘 왔다. 무사히……." 하고는 다시 말을 잊었다.

학자는 고치에서 어머니와 지냈다. 언제 어머니가 돌아가실지 모르지만 임종을 지키기는 어려울 것 같아 마음이 괴로웠다. 성경은 인생을 황야의 여행이라고 말한다. 지상에서는 여행객이자 머무는 사람에 불과할 뿐이라고. 그러나 오랫동안 함께 생활해 온 어머니와 딸이다. 이제 곧 영혼의 고향에서 영원히 함께 지낼 때가 다가

오고 있지만 그때까지는 제 갈 길을 가는 것이다.

학자는 어머니와 지내는 틈틈이 고치의 유력인사를 만나러 다녔다. 6월 19일에는 NHK의 〈나의 비밀〉에 어머니와 출연했다. 학자는 두 달 남짓 일본에서 지낸 후 한국으로 돌아왔다. 그녀의 일본 체재 중 한국에서는 5·16 군사혁명이 일어났다. 박정희 소장이 주도하는 군부가 1년 전 4·19 혁명으로 세워진 장면 정권을 뒤엎은 것이다. 군사정부는 과거 이승만 정권과 달리 일본과의 관계 개선에 적극 나섰다. 그래선지 지금까지 중앙정부로부터 냉대 받아온 공생원도 꽤 호의적인 처우를 받게 되었다.

1963년 3월, 박정희 최고회의의장은 전라남도 시찰 중 학자에게 그간의 노고를 치하하고 금일봉을 주었다. 같은 해 광복절, 한국 정부는 한국민에게 최고의 영예인 대한민국 문화훈장 '국민장'을 수여했다. 이때는 아직 한·일 국교가 정상화되기 전이어서 한국 정부와 민간에 큰 충격을 주었다. 학자는 수상식 축하연에서 이렇게 말했다.

"여러분, 감사합니다. 저같이 불민한 사람이 오늘 이 같은 영예로운 훈장을 받게 된 것은 여러분의 지원과 협력이 있었기에 가능했다고 생각합니다. 정말 저에게는 분에 넘치는 영광으로 그저 감사할 따름입니다. 사실 저는 지난 34년간 오로지 한 길만 걸어 왔습니다. 남편이 있을 때는 남편을 따라서, 남편이 행방불명된 후에는 주위 분들이나 원생들의 격려에 힘입어 '만일 남편이 살아서 돌아온다면, 그때 공생원이 없어져 있다면 남편에게 뭐라고 변명할 말이 없기에……' 이렇게 생각하며 지금까지 버텨 왔습니다. 여러분께 칭찬의 말씀을 들을 만큼 그렇게 훌륭한 재능이 있는 사람도 아닙니다. 저는 남편을 실망시키지 않겠다는 생각으로 일해 왔기 때문에 이 같은 훈장을 받을 자격이 있다고 생각하지 않습니다. 따라서 이 훈장은 돌아가신 남편과 저를 격려해 주신 분들, 그리고 공생원 원생 여러분의 것으로서 영원히 공생원에 걸어 놓으려 합니다. 여러분, 정말 감사합니다."

학자의 이 같은 겸손한 답사는 연회장을 가득 메운 참석자 모두에게 깊은 감동을 주었다.

24. 영광의 개선

1965년 6월 22일 한·일 국교 정상화 조약이 조인되었다. 이 무렵이 되어서야 일본 언론도 민간외교의 미담으로 윤학자와 공생원에 대해 자세히 보도하기 시작했다. 그리고 같은 해 10월 1일, 목포 개항 기념일에 목포시장이 학자에게 제1회 목포시민상을 수여했다.

1966년 4월, 학자는 장남 기가 중앙신학교 사회복지학과를 졸업하자 그를 데리고 다시 일본을 방문하게 되었다. 이보다 앞서 1964년 10월에 '윤학자와 그의 사업을 돕는 후원회'가 발족해서 학자를 초청한 데 따른 것이다. 후원회 회장에는 당시 일본 경단련(經團連, 경제단체연합회) 부회장이던 우에무라 고고로(植村甲吾郞)가, 이사에는 하라다 켄(原田憲) 중의원 의원 등이 취임했다.

학자는 일본에 오자마자 회장단을 찾아가 감사의 뜻을 전하고 앞으로의 지원을 약속받았다. 또 공생원이 한·일 양국을 잇는 가교 역할을 해줄 것을 부탁받았다.

이번 여행길의 가장 큰 수확은 지금까지 서로 융화되지 못했던 학자와 장남 기가 비로소 한마음이 되었다는 것이다.

학자는 네 자녀를 두었으나 어린 시절부터 원생들과 같이 키웠다. 식사는 물론 잠자리까지도. 그래서 자녀들은 개인적으로 어머니의 애정을 알지 못한 채 자랐다. 학자도 이를 모르는 바는 아니었다. 이것이 바로 고아원을 운영하는 학자의 십자가였다.

자녀들은 때로 어머니가 정말 우리 어머니일까 하고 자기들끼리 이야기해 보기도 했다. 언젠가는 "공생원을 나가서 진짜 고아가 돼볼까……." 하는 생각도 했다.

이제 기는 오랜만에 공생원을 멀리 떠나 어머니의 모국에 함께 와서 모자 둘만의 시간을 만끽하고 있다. 자식을 사랑하는 어머니의 사랑을 이제야 알게 된 것이다. 어머니가 자식들에 대한 사랑을 억누르며 지내온 인내의 시간을 생각하며 기는 눈시울이 뜨거워졌다.

사람이 친구를 위하여 자기 목숨을 버리면 이보다 더 큰 사랑이 없나니(요한복음 15장 13절)

어머니는 고아들을 위해 생명까지도 바칠 각오였던 것이다. 기는 새삼 어머니가 존경스러웠다.

그러나 이 무렵 학자는 몸에 이상을 느끼고 있었다. 지난번에 왔을 때는 친척이나 친구 등을 만나면서 즐거운 시간을 보낼 수 있었지만 이번에는 공생원 지원을 호소하는 일이나 초대면하는 인사들이 대부분이어서 신경을 많이 써야 했다. 더욱이 날씨마저 무더워 땀을 많이 흘리게 되었다. 지금까지 없던 피로감도 잦아졌고 때로는 심한 두통에 몸도 천근만근 무거웠다.

"어머니! 병원에 가시죠."

기가 몇 번이나 권해도 전혀 반응이 없다.

"오늘도 중요한 일로 만날 사람이 있단다."

"그래도 사람이 우선 건강해야지 사업도 있지 않아요. 돌아가시면 아무 소용 없잖아요."

기는 어머니를 모시고 도쿄의 병원으로 갔다. 진찰 결과 피로가 오랫동안 누적되어 당장 입원해야 한다는 것이었다. 기는 어머니에게 "건강이 제일 중요하니 지금 입원하자"고 권했지만 어머니는 이를 거절했다.

"기야! 나는 죽는다 해도 한국에 돌아가서 죽고 싶구나. 그리고 일본의 입원비는 너무 비싸니…… 그 돈이 있으면 공생원을 위해 쓰고 싶구나."

기는 할 수 없이 어머니 말을 따라 한국으로 돌아왔다.

"어머니! 목포에 도착하면 곧 치료를 받도록 하시죠."

하지만 정작 목포에 도착하자 그곳 상황이 그렇게 여유 있는 형편이 못 되었다. 학자가 없는 동안 일이 산적해 있었다. 학자는 아픈 몸을 무릅쓰고 매일 아침부터 밤늦게까지 일 처리에 바빴다. 병원 치료를 늦추는 사이에 벌써 해가 바뀌었다.

증상은 시시각각 악화되고 있었다. 목포의 병원에서는 서울의 성모병원에 입원토록 권유했다. 학자는 목포를 떠나는 것이 가슴 아팠지만 따를 수밖에 없었다. 병명은 폐암으로 판정이 났다. 치료를 소홀히 한 탓에 악성으로 진행되어 있었던 것이다. 두통이나 뇌신경 마비 증세가 뒤따르면서 그녀를 괴롭혔다. 다행히 공생원은 장녀 청미와 결혼한 정영걸이 맡아서 운영했으며, 일본의 후원단체와의 관계는 기가 전담했다.

그해 11월 25일, 일본 정부는 학자에게 남수포장(藍綬褒章) 훈장을 수여키로 했다. 이와 관련해서 일본 관료들은 "지금까지 일본을 위해 애쓴 외국인에게 훈장을 수여한 예는 있지만 외국을 위해 일한 일본인에게 훈장을 수여한 예는 없다"며 가벼운 반발을 하기도 했다.

어쨌든 이런 과정을 거쳐 1967년 12월 21일 일본 정부가 늦게나마 훈장을 수여했을 때, 학자는 이미 서울 성모병원에 입원하고 있었다. 더 이상 회복의 기미도 보이지 않는 가운데 이 소식을 들었다. 학자는 피곤한 표정을 지으며 이렇게 혼잣말을 했다.

"일본 정부로부터 처음으로 훈장을 받는 것은 기쁘긴 하지만 너무 피곤해. 훈장보다도 혜택받지 못하는 한국 고아들에게 연필 한 자루, 노트 한 권이라도 주는 게 더 좋을 텐데……"

이것이 그녀의 솔직한 심정이었다.

학자는 병상에서 신년을 맞았다. 병원에서는 최선을 다해 치료에 임했다. 공생원 원생들은 기적적인 치유를 굳게 믿고 아침마다 모여 기도를 드렸다. 그런데도 학자의 용태는 악화일로를 걸었다. 하루에도 몇 번이나 의식불명이 되고 고열에 헛소리를 하기도 했다. 그 헛소리는 모두 일본말로, 어린 시절 즐겁게 놀던 일이나 어머니에게 야단 맞던 일 등, 기억 속에서 그리움으로 가득 찬 내용들이었다.

어느 날, 기가 침대 머리맡에 앉아 있는데 학자가 혼자말로 중얼거렸다.

"엣! 어머니! 무슨 말씀을 하세요?"

"우…… 메…… 보…… 시…….''

"우메보시라고요?"

한국에서 태어나고 자란 기는 우메보시를 잘 몰랐다.

"일본 음식이야. 시지만 무척 맛있어. 어머니는 어린 시절부터 먹고 자랐어. 가…. 마…. 메…. 시도."

"어머니! 그게 드시고 싶으세요?"

학자는 고개를 끄덕였다. 기는 곧 서울에 주재하는 일본인에게 부탁해서 우메보시와 가마메시를 알아봐 달라고 부탁했다. 그러나 서울 시내 어디를 찾아보아도 우메보시와 가마메시를 파는 곳이 없었다. 그때 기의 마음속에서는 뜨거운 그 무엇이 솟구쳐 올랐다.

'아! 어머니는 역시 일본인이셨구나.'

일곱 살 때 일본을 떠나 50여 년을 한국에서 지내신 어머니. 아버지와 결혼하신 후부터는 기모노를 벗고 치마저고리를 입으시고 김치를 맛있게 드신 어머니셨다. 광복 후에는 일본말을 절대 하지 않으시고 한국말만 하신 어머니, 그런데 헛소리를 일본말로 하시면서 자신의 죽음이 가까워 온 것을 알고 처음으로 "우메보시가 먹고 싶고 가마메시도 먹고 싶다"고 하셨다. 이것은 마음속으로는 한시도 일본을 잊으신 적이 없다는 증거가 아닐까. 그런데도 어머니는 불쌍한 한국 고아들을 위해 줄곧 인내하고 한국인 남편을 위해 봉사하면서 한국 음식에 만족하고 한국어로만 말하신 것이다.

어머니는 어느 면에서는 한국 고아들을 자기 자식 이상으로 사랑하셨다. 그 쓰라린 아픔을 어떻게 참으셨을까.

위대한 우리 어머니! 어머니의 마음을 가득 채우고 있었던 것은 하나님의 사랑이며, 어머니의 생애를 일관해 온 것도 하나님의 사랑이었다. 우리 어머니 속에는 하나님이 살아 계셨다. 숭고한 하나님의 사랑이여…….

그렇게 생각이 미치자 기는 결심했다.

"좋다! 내가 어떻게는 해보자. 부모님의 뜻을 이어받아 불행한 고아들을 위해 공생원을 지키자. 그리고 한·일 친선과 우호를 위한 가교가 되자. 일생을 바쳐서라도."

기는 이렇게 결의를 굳히고 어머니의 손을 잡았다. 학자는 또다시 깊은 잠에 빠져들어 갔다.

1968년 10월, 학자는 "어떻게 해서든 목포에 돌아가고 싶다"고 병원 측에 요청했고 그 뜻이 받아들여져 목포로 돌아왔다. 증세는 절망적이어서 주치의도 그녀의 소원을 들어주기로 한 것이다. 공생원에 돌아온 학자는 혼미한 상태가 계속되었다. 청미, 기, 향미, 영화가 머리맡에서 간호했으며 원생들도 하루에도 몇 번씩 교대로 학자의 용태를 살펴보러 왔다. 서울에서 돌아온 지 일주일 남짓 지난 어느 날, 학자는 의식을 회복했다. 그리고 주위를 둘러보았다.

"여기가 공생원이야?"

"예. 어머니 방이에요. 보세요. 아버지 사진도 걸려 있고, 박 대통령에게 받은 훈장도 걸려 있어요." 청미가 말했다.

학자는 안심하는 표정을 지으며

"그래. 참 좋구나. 그것은 꿈이었어······." 하고 말했다.

향미가 물었다.

"무서운 꿈이었어요?"

"그래. 전쟁이 시작되어 대포와 탄환이 비 오듯 쏟아지고 폭음이 진동하는 속에서 너희 아버지가 나를 부르시더라. 아버지 곁으로 다가가려 해도 불길이 치솟아 도저히 앞으로 갈 수 없었어. 참으로 무시무시한 꿈이야."

청미는 향미에게 눈짓을 해서 기와 영화를 부르도록 했다.

"어머니! 오늘은 정말 기분이 좋아 보이시네요."

"으응, 그래. 청미야. 미안하지만 그쪽 창문 좀 열어주겠니?"

"감기들면 안 될 텐데요."

"괜찮으니까 열어 주렴."

청미는 할 수 없이 어머니가 말한 대로 바다에 면한 유리창을 열고 어머니를 가만히 일으켜 세웠다. 바다를 건너온 갯바람이 뱃고동 소리와 함께 방 안에 가득 퍼졌다.

거기에는 50년 전, 어머니 하루와 함께 일본에서 건너왔던 당시의 바다가 있었다. 아침저녁으로 바라보며 생활해 온 목포의 바다였다. 괴로움이나 슬픔, 두려움, 아픔도 모두 저 멀리 사라져 버리고 고독한 학자의 마음을 늘 부드럽게 보듬어 주고 격려해 준 아름다운 바다…….

향미의 연락을 받고 온 기와 영화는 일어나 앉아 있는 어머니의 모습을 보고 깜짝 놀라서 "어머니! 안 돼요. 누워 계세요"라며 어머니를 자리에 눕도록 도와주었다.

"그래도 좋군요. 어머니의 의식이 회복되어서……."

영화가 무심결에 말을 뱉었다.

"내가 의식을 잃었니?"

어머니가 묻는 말에 기가 얼른 대답했다.

"아녜요. 그동안 잠들어 계셨어요. 그렇지 않니?"

모두들 고개를 끄덕였다. 증상에 관해서는 어머니가 신경 쓰실 만한 말은 절대 하지 않도록 의사로부터 주의를 받은 터였다.

"청미, 기, 향미, 영화! 모두 잘 들어 다오. 이 어머니가 너희에게 사죄해야 할 일이 있다."

학자는 자식들을 죽 돌아보았다.

"어머니! 저희에게 무엇을 사죄할 일이 있어요?"

"참 이상하네요."

청미와 향미가 얼굴을 마주보며 웃었다.

"아니야. 이것만큼은 너희에게 얘기해야겠어. 어머니는 스스로의 결단으로 한국인인 아버지와 결혼했어. 그리고 오늘날까지 한국인이 될 작정으로 지내 왔어. 지금까지 나는 그 결정이 절대 틀리지 않았다고 생각해 왔어. 그런데 너희들은 너희들 의지로 태어난 게 아니야. 태어나서는 고아들과 함께 자라면서 세상에서 말하는 부모 자식 관계와는 거리가 먼 삶을 살아 왔지. 너희는 내 자식들이지만 어머니가 처한 입장이 있어서 특별히 사랑할 수가 없었어."

"그런 것 잘 알아요. 전에 어머니와 일본에 갔을 때 말씀하신 것처럼…… 저도 어렸을 때는 어머니를 원망도 해보았고 불만을 갖기도 했어요. 그래도 잘 생각해 보면 남의 자식과 내 자식을 똑같이 사랑한다는 것은 가능한 일이 아니에요. 그 점이 어머니가 위대한 점이에요."

"그래요, 어머니! 무슨 그런 말씀을…… 저희에게 미안하게 생각하지 않으셔도 돼요."

"모두 잘 알고 있어요. 영화도 그렇지?"

"응, 잘 알고 있어."

"고맙다. 너희들이 그렇게 말해 주니 이 어머니는…… 어머니는……."

학자는 목이 메었다. 그때 청미가 말했다.

"어머니! 기한테 얘기 들었는데 서울에서 입원 중이실 때 우메보시가 먹고 싶다고 하셨다면서요?"

"헛소리도 일본말로 하셨어. 역시 마음속으로는 일본이 그리우셨나 봐."

"어머니의 그 말씀을 듣고 생각했어요. 그렇게 그리운 일본인데 조국을 버리고 일생을 한국의 고아들을 위해 바친 어머니는 정말 위대하신 분이며, 저는 어머니 같은 분의 자식인 것이 자랑스럽습니다."

"모토이(장남 기基의 일본식 발음)……."

"저도 하겠습니다. 어머니! 이 공생원을 이어받아 고아들을 위해, 한·일 우호의 가교가 되기 위해 일생을 바치겠습니다."
 "고맙다. 기…… 청미…… 향미…… 영화야. 모두들 고맙구나."
 오랫동안 마음속에 맺혀 있던 응어리를 자식들에게 풀어 버린 학자는 안도한 탓일까. 다시 혼수상태에 빠져들었다.
 그리고…… 1968년 10월 31일 오후 2시 40분, 한국 고아의 어머니 윤학자는 추억이 서린 목포 공생원 자택에서 56세로 생을 마감했다. 이날은 학자의 생일이기도 했다.
 학자는 파란만장한 인생을 마치고 사랑하는 주 예수와 생의 반려자였던 남편 윤치호가 기다리고 있는 하늘나라로 영광의 개선을 했다.

25. 목포는 울었다

학자가 세상을 떠나자 임종을 지키고 있던 청미, 기, 향미, 영화 등 자녀들과 사위 영걸 등은 울음을 터뜨렸다. 밖에서는 원생들이 학자의 증세가 심상치 않다고 보아 모두들 모여 있던 참인데 방 안에서 울음이 터져 나오자 학자의 타계를 알고 일제히 통곡했다. 그 통곡은 삽시간에 공생원 전체로 번져갔다.

"어머니가 돌아가셨다!"

"어머니가 돌아가셨다!"

"어머니! 어머니!"

울음 소리는 한동안 그칠 줄을 몰랐다.

학자의 사망 소식은 라디오와 신문을 통해 전국 각지에 알려졌다. 그러자 공생원 출신으로 사회인이 되어 각 분야에서 활동하고 있던 2백여 명이 하던 일도 팽개치고 급히 공생원으로 몰려들었다. 그들은 이미 싸늘해진 학자의 유해 앞에 "어머니! 어머니!" 하며 목 놓아 울었다. 이 가운데 택시기사를 하고 있던 한 원생 출신은 이렇게 말했다.

"마침 손님을 태우고 서울에서 인천 방면으로 달리고 있었는데 라디오 뉴스를 들었어요. 눈물이 앞을 가려 전방을 볼 수 없었지요. 그래서 손님께 양해를 구하고 눈물이 그칠 때까지 차를 잠시 세웠어요."

부산에서 일하고 있는 한 미용사는 "친구가 신문을 읽고 알려 주었어요. 종일 너무나 슬퍼서 밥 한 술 넘기지 못했습니다. 저희들의 어머니가 돌아가셨는데……"라며 말을 잇지 못했다.

학자가 기른 원생들 가운데는 학교 교직원, 변호사, 목사, 택시기사, 유치원 보모, 간호사, 미용사, 재단사, 기술자, 신문기자, 점원 등이 있는데, 그 수는 2천9백 명을 넘는다.

기가 공생원에 모여든 분들과 장례 절차를 의논하던 중 목포시에서 사람이 나와서 목포시민장으로 했으면 좋겠다고 했다. 학자의 시민장은 목포시가 생긴 이래 처음으로, 학자가 평생을 바친 봉사와 헌신이 목포 시민들에게 얼마나 감동을 안겨 주었는지를 말해 주는 증거였다.

1968년 11월 2일 오전 10시, 목포역 광장에 장례식 제단이 설치되고 학자의 유해는 조화로 장식되었다. 장례식장에는 목포 시민은 물론, 학자의 유덕을 추모하는 사람들이 전국 각지에서 3만여 명이나 모여들었다.

안관일 씨가 지휘하는 공생원 원생들의 합창에 맞추어 장송

찬송가가 울려 퍼졌다. 모두가 따라 불렀다. 이어서 전현순 씨가 성경을 낭독했다.

> 또 내가 들으니 하늘에서 음성이 나서 이르되 기록하라 지금 이후로 주 안에서 죽는 자들은 복이 있도다 하시매 성령이 이르시되 그러하다 그들이 수고를 그치고 쉬리니 이는 그들의 행한 일이 따름이라 하시더라
> (요한계시록 14장 13절)

이귀동 목사가 고인의 약력 가운데 학자의 고난의 생애를 언급했다. 그러자 3만여 명의 조문객들은 흐느끼기 시작했다. 계속해서 장례위원장이기도 한 강수성 목포시장이 고별사를 낭독했다.

오늘 우리 18만 목포 시민들은 이 땅의 불우한 고아들을 위해 일생을 바친 한 훌륭한 여성, 어머니 윤학자 여사를 추모하기 위해 그 영전에 고개 숙여 명복을 빌고 있습니다. 지금 우리에게는 사랑과 봉사의 따뜻한 손길이 어느 때보다도 필요한 때, 한 사람의 훌륭한 사회사업가를 천국에 보내게 된 것은 참으로 애석한 일입니다.
고 윤학자 여사가 생애를 바쳐 지켜 온 공생원에는 지금도 수많은 어린이들이 있는데 윤 여사는 홀연히 떠났습니다. 죽음은 우리 인생에 어쩔 수 없는 것이지만 이렇게 빨리 우리 곁을 떠나 천국에 가셔서 슬퍼할 틈도 없습니다.
고 윤학자 여사가 남기신 공적은 실로 엄청납니다. 단순한 고아 구제 사업만이 아니라 그녀의 순수한 인간애가 우리의 마음을 뜨겁게 달아

오르게 했습니다.

윤 여사는 우리와 피를 나눈 민족은 아닙니다. 우리가 조국의 독립을 외치며 일어선 1919년, 그녀는 이 땅에 왔습니다. 그리고 우리 동포들이 일제의 압제에 신음할 때 오직 한 사람이 일본의 죄를 씻으려고 마음 먹고 고아 구제 사업에 몸을 던졌습니다.

우리나라가 독립을 되찾자 그녀는 일본으로 돌아갈 기회가 있었는데도 이 땅에 남아서 사회봉사활동에 헌신했습니다.

6·25 동란 때는 이국 땅에서 남편을 잃은 슬픔을 극복하고 헌신과 봉사를 다했습니다. 연약한 여성의 몸으로 한국과 일본을 오가며 한국 고아 사업의 어려움과 일본이 이웃나라를 도와야 함을 역설했습니다.

그녀는 한·일 우호 증진과 친선에 최선을 다했으며, 민간외교사절의 역할도 했습니다. 이러한 윤 여사의 활동은 우리 정부에서도 높이 평가되어 사회부장관을 위시해 각계각층으로부터 표창을 받기에 이르렀습니다. 1963년에는 문화훈장 국민장도 수여받았습니다.

윤 여사는 떠났습니다만, 윤 여사가 남긴 사랑의 정신은 목포 시민은 물론 우리 민족의 가슴속에 잊혀지지 않고 영원히 남아 있을 것입니다.

유달산 산록에는 윤 여사의 따스한 손길이 지금도 그대로 남아 있습니다. 윤 여사가 손수 키운 3천여 명의 고아들은 어머니의 자애로운 모습을 가슴에 묻은 채 그 족적을 따라가며 살아갈 것입니다.

오랜 투병 생활 가운데서도 고아들을 한시도 잊으신 적이 없고 한결같은 마음을 베푸신 윤 여사의 모습이 제 눈앞에도 선합니다.

당신은 지금 4백여 명이 넘는 고아들을 남겨 놓은 채 떠나셨습니다. 그 심정이 어떠할까요. 충분히 이해하고도 남음이 있습니다. 그러나 18만 목포 시민들은 당신이 남기신 유업을 훌륭하게 지킬 각오가 되어 있습니다. 부디 안심하십시오.

여기 우리의 감사의 마음을 목포시민장으로 하여 마음으로부터 명복을 빕니다.

1968년 11월 2일 목포시민장의위원장 목포시장 강수성

목포시장의 조사가 낭독되는 가운데 조문객들의 울음 소리는 점점 커져 갔다.

다음 날 신문에는 다음과 같은 제목의 머릿기사가 일제히 실렸다. '이국 땅에서 생활한 지 50년, 한국 고아 3천 명을 키운 어머니 윤학자 여사 서거하다', '슬픔에 잠긴 목포 시가, 오늘 역전광장에서 최초의 시민장', '영전에서 통곡하는 고아들, 조문객들도 울어', '이 날 목포시는 울었다'.

한 일본인 여성의 생애가 한국 전역에 파문을 일으킨 것이다.

공생원 원생들이 가곡 〈봉선화〉를 합창하는 가운데 학자의 유해를 실은 영구차는 조용히 장례식장을 출발했다. 영구차가 연도를 지날 때 시민들은 가던 길을 멈추거나 모자를 벗고 경건하게 묵념을 드리기도 했다.

이렇게 해서 이 땅에서의 생애를 다한 윤학자, 다우치 치즈코의 유해는 그녀의 유언대로 남편 윤치호가 태어난 고향인 전남 함평군 대동면 상옥리 옥동 선산에 안장되었다.

부활의 아침을 기다리면서……

26. 충실해진 공생복지재단 사업

윤학자가 세상을 떠난 지 15년이 지났다. 목포 공생원은 학자의 유지를 이어받은 장남 기를 중심으로 해서 그를 후원하는 사람들의 힘으로 튼실하게 발전했다. 한국 최대의 복지재단으로서 정부로부터 모범시설 지정도 받게 되었다.

그간 걸어온 길을 살펴보면, 1968년 11월 12일, 장남 기가 공생원 원장에 취임했다. 다음 해인 1969년 3월 9일 고다마(兒玉) 부산 주재 일본 총영사가 공생원을 방문했다. 일본 천황이 수여한 훈장 보관장(寶冠章, 훈5등勳5等)을 학자의 영전에 바쳤다.

같은 해 4월 12일 가나야마 마사히데(金山政英) 주한 일본 대사가 공생원을 찾았다. 그는 윤기 원장을 격려하고 앞으로의 협력을 약속했다. 1970년 5월 8일에는 경향신문사에서 '어머니의 탑'을 기증, 제막식이 거행되었다. 비문에는 이렇게 쓰여 있다.

"하나님의 나라 푸른 천국의 바다와 이 땅을 잇는 길은 없어졌습니다. 그러나 지금 유달산 산록에는 당신이 이루어 놓은 위업과 우리 한 사람 한 사람의 가슴에 빛을 안겨준 영원한 어머니의 미소가 남아 있습니다."

1971년 6월 7일 일본항공(JAL) 사장이 '사랑의 집' 잘 하우스(아동 숙사)를 기증했다. 같은 해 6월 23일 공생원 원아들로 구성된 '수선화 합창단' 23명이 1개월간 일본 각지를 공연차 방문, 한·일 친선 도모에 큰 성과를 거두었다.

1972년 1월 13일, 재단법인을 사회복지법인으로 하는 정관 변경이 허가를 받았다.

같은 해 4월 5일, 윤기 원장은 교토 도시샤(同志社) 대학 사회복지학과를 졸업하고 오사카의 박애사(博愛社)에서 근무하고 있던 후쿠다 후미에(福田文枝)와 결혼, 공생원 제2의 일본인 어머니가 탄생했다.

같은 해 12월 29일, 한국 정부와 유니세프(유엔아동기금)로부터 보모교육훈련사업을 위탁받아 공생원이 지도시설로 지정되었다.

이듬해 3월 31일, 박정희 대통령의 특별 배려와 가나야마 전 주한 일본 대사의 노력으로 공생원 앞바다에 있는 섬 고하도 12만 평을 불하받았다. 현재 이곳에는 정신박약아 시설이 들어서 있다.

1975년 10월 31일, 윤학자 여사의 7주기를 맞아 오사카 시로부터 기증받은 아동 숙사와 욕실, 일본 오우라(大浦) 공무점(工務店)이 기증한 아동식당의 준공식이 거행되었다. 아동 숙사는 '오사카 사랑의 집', 아동식당은 '대일(大一)식당'으로 명명되었다. 오사카 사랑의 집은 연건평 250평의 철근 콘크리트 건물이며 공사비 2천5백만 엔이, 대일식당은 건평 113평의 철근 콘크리트 건물에 공사비 1,260만 엔이 들었다.

1977년 3월에는 시설에서 자란 고아들과 가정환경이 불우한 소년 소녀들에게 직업훈련을 시키기 위해 학자가 그토록 염원했던 시설, '서울소년소녀직업훈련원'이 서울 용산구 한남동에 개설되었다. 공생복지재단이 운영하는 이 학교는 그 후 '서울한남직업전문학교'로 개칭되어 성인을 포함하여 직업훈련을 시키고 있다. 이 학교는 철저하게 기독교 정신으로 운영되고 있다(지금은 서울시 중부기술교육원으로 이름이 바뀌었다).

공생원은 보사부로부터 보모훈련교육을, 목포시로부터 기아 일시보호사업을, 서울시로부터 직업훈련교육을 위탁받는 등 종합복지시설로서의 위치를 확보했다.

윤기 원장은 키는 작지만 다부진 체구인 데다 에너지가 넘친다. 명석한 두뇌에 누구나 친근감을 느낄 수 있는 동안(童顔)의 매력적인 인물이다. 천성적으로 설득력 있는 화술을 지니고 있으며, 문제의 본질을 정확하게 파악해서 일을 척척 처리해 나간다. 사업 수완이 뛰어나다 할 수 있다.

그가 정열을 쏟아서 말하는 사회복지의 포부와 미래의 그림에 항상 등장하는 것은 공생원을 스위스의 페스탈로치 촌과 같은 이상향으로 만들고 싶다는 것이다. 종합사업계획에는 본격적인 사회복지대학을 서울이나 지방에 설립하려는 염원도 있다.

윤기 원장이 부모님께 물려받은 위대한 꿈이 언젠가 실현될 수 있기를 기대한다.

에필로그

　내가 윤기 원장과 처음 만난 것은 1971년 서울에서 제2회 한·일 교회 지도자협의회가 열린 때였다. 회의장인 워커힐 호텔에 참석한 윤 원장은 명함을 주면서 "꼭 한번 공생원에 들르십시오"라며 간청해 왔다. 일본 측 대의원 몇 사람은 서울에서 광주까지 비행기로 가서 그곳에서 자동차를 빌려 목포까지 갔다. 나는 회의가 끝나자 바로 경북 영천을 방문하는 선약이 있어 갈 수 없었다. 영천에는 1942년 처음 방한한 이래 30년간 나를 위해 기도해 주신 양석문 목사의 노모가 계셨다. 얼마 전부터 중병에 걸려 의사로부터 사형 선고까지 받고 입원했으나 기적적으로 나아 퇴원하신 것이다. 나는 그곳에 더 마음이 끌렸다.
　그런데 1976년 여름, 이번에는 도쿄의 내 집에 윤기 원장 부부가 갑자기 찾아왔다.

목포 공생원에는 280명의 고아들이 있는데, 그 고아들에게 양부모 맺어주기 운동을 하고 싶다는 얘기를 꺼냈다.

"한국은 북한과 대치하고 있는 상황이므로 사회복지에는 아직 손이 돌아갈 여유가 없습니다. 그래서 재일 한국교회를 찾아가 보았지만 수가 적은 한국 교회에서는 방법이 없다는군요. 일본인 교회에 가보라고 해서 어디를 찾아갈지 물었더니 모리야마 목사님을 추천해 주었습니다."

나는 정신적인 부채가 있었기 때문에 이들 부부를 다음 날 아오야마 조찬회에 안내하고 소개하는 한편 그리스도인 신문에서 캠페인을 해주도록 주선, 2천여 명의 양부모들이 응모해 '목포공생원 양부모 협력회' 발족식을 가졌다. 양부모들은 양아들과 양딸의 이력서와 사진을 교환하고 매월 성금을 보내주고 있다. 또 양부모 투어를 계획하여, 몇 차례나 공생원을 방문하고 돌아올 때는 헤어지기 섭섭해서 서로들 눈물을 흘리곤 한다.

관동지구 TV 전도협력회의 책임을 내가 맡고서 프로 제작회의를 연 결과 '사랑은 국경을 넘어서'라는 테마로 윤학자 여사와 목포 공생원 등에 대한 세 편의 프로그램이 만들어졌다. 해설은 서문을 쓰신 미우라 아야코 여사가 맡아 주셨다. 이 프로그램은 전국 각지에서 방영되어 엄청난 반향을 불러 일으켰다.

1980년 크리스마스이브에는 목포 공생원의 크리스마스이브 광경을 12채널에서 30분간 방영해 시청자들에게 큰 감명을 주었다. 사도 바울은 "믿음, 소망, 사랑, 이 세 가지는 항상 있을 것인데 그 중의 제일은 사랑이다"라고 설파했다. 윤학자 여사가 사랑을 위해 바친 생애는 언제까지나 살아 있으며, 죄로 물든 영혼을 살리는 길이 될 것이다.

내가 윤기 원장으로부터 "어머니의 전기를 써주면 좋겠다"고 부탁받은 것은 1980년 여름이다. 나는 지금까지 전기물이나 이와 유사한 책을 일곱 권이나 썼다. 금년은 빌리 그레이엄 국제대회가 10월에 있어서 내가 행사의 재무를 맡고 있는데 그 책임을 벗어나는 12월부터나 쓰겠다고 얘기를 나누었다.

그러나 그 후에도 바빠서 착수하지 못하다가 1981년 7월 영국에 머물렀는데 그곳에는 전화도 안 오기 때문에 아침 일찍, 그리고 밤 늦게 4백자 원고지 140매를 쓸 수 있었다. 그런데 그후 윤학자 여사의 부군 윤치호 씨에 관한 자료가 새로이 입수되었다. 그 자료에는 엄청난 내용들이 많아 당시까지 쓴 원고를 모두 버리고 새로 쓰기 시작했다.

많은 분들로부터 자료를 받아 감사한 마음 금할 길 없다. 나는 이 자서전을 쓰면서 여러 번 울었다. 윤학자 여사가 눈물의 생애를 보낸 만큼이나.

이 책은 당초 〈주부의 벗〉에서 출간될 예정이었으나 저자의 개인 출판으로 바뀌었다. 책 판매 대금 전부를 목포 공생원의 원생 장학금으로 돌리기로 했기 때문이다. 여러분의 협조를 당부하고 싶다.

특히 미우라 아야코 여사의 서문은 금상첨화라고 할 수 있다. 나는 여러 모로 바쁜 와중에도 이 전기를 쓰도록 인도한 성경과, 지금까지 몇 분이나 윤학자 여사의 전기를 썼는데도 나에게 이를 의뢰한 윤기 원장에게 마음으로부터 감사를 드린다.

이 책의 출판에는 〈공생복지재단 50년지(誌)〉(편집 천수방千垂芳)와 나오이 긴야(直井欽哉) 씨의 《봉선화 피는 언덕》, 정연주(丁蓮珠) 씨의 《언덕 위의 유모차》를 많이 참고했다. 두 분께 감사드린다. 이 책의 인쇄를 맡아주신 신생(新生)운동에도 감사의 말씀을 전한다.

옮긴이의 말

 나의 어머니 윤학자(일본명 다우치 치즈코, 1912~1968)에 대한 이야기는 그동안 책이나 신문 기사 또는 영화를 통해 세간에 어느 정도 알려져 있다.
 일제강점기에 조선총독부 관리의 외동딸이 가난한 조선인 청년, 그것도 고아들과 더불어 생활하고 있는 '거지대장'과 주위의 반대를 무릅쓰고 결혼했다는 사실 자체가 드라마와 같은 순애보(純愛譜)였기 때문일지 모른다. 또 아버지 윤치호(1909~1951?)가 한국전쟁의 와중에 행방불명이 되자 어머니는 아버지가 돌아오기를 기다리면서 네 명의 자식들과 3천여 고아를 길러 내 '한국 고아의 어머니'로 추앙받고 있는 것도 보통사람으로서는 상상하기 힘든 일이었을 것이다.

이 책,《진주의 노래》를 쓰신 모리야마 사토시(森山諭, 1908~1996) 목사는 일본 기독교계의 대표적인 복음주의 학자로서 한일친선 선교협력회 회장도 지낸 지한파(知韓派)이기도 하다.

《진주의 노래》가 어머니에 대한 여느 책과 다른 점은 평전(評傳)의 성격을 띤다는 점이다. 모리야마 목사는 이 책을 쓰기 위해 목포까지 어려운 걸음을 하셨는데, 책을 읽다 보면 곳곳에서 그 분의 열성을 접하게 된다. 이 책은 1983년 일본에서 처음 출간되어 아름다운 문장으로 당시 일본 기독교계와 출판계에서도 화제가 된 바 있다.

서문을 써주신 미우라 아야코(三浦綾子, 1922~1999) 여사는 장편 소설《빙점》으로 한국에도 독자가 많은, 일본을 대표하는 현대작가다. 독실한 기독교 신자인 미우라 여사는 서문에서 어머니에 대한 분에 넘치는 평가를 해주셔서 장남인 나로서도 몸둘 바를 모르겠다.

이제는 두 분 모두 타계하셔서 한국어판을 보시지 못한 것이 송구스러울 뿐이다.

사실《진주의 노래》는 한국어판을 위해 오래전에 번역을 마쳤으나 기회가 여의치 않아 미루어 왔다. 그런데 마침 금년이 어머니 탄신 1백 주년이어서 홍성사와 기념사업 얘기를 나누던 중 의견의 일치를 보아 한국어판을 내기에 이른 것이다.

홍성사에서는 1985년 나의 졸저(拙著)《어머니는 바보야》를 출간한 바 있어 여러 모로 신세를 졌는데 이번에 또다시 《진주의 노래》로 수고를 끼치게 되었다. 홍성사 가족 여러분께 깊이 감사드린다.

2012년 10월
재일동포의 안식처 '고향의 집'에서
윤 기

옮긴이 **윤기** 尹基

1942년 목포에서 태어났다. 중앙신학교(현 강남대학)를 졸업하고 1968~1977년까지 목포공생원 원장을 역임했으며, 1977년 사회복지법인 공생원이 공생복지재단으로 개편되면서 회장으로 일했다. 1982년 공생복지재단 도쿄사무소를 개설한 뒤 1989년 일본 오사카 부(府) 사카이 시에 재일동포 고령자를 위한 노인 홈 '고향의 집'을 세웠으며, 이후 오사카, 고베, 교토 등 모두 네 곳에 '고향의 집'을 건립했다.

2000년 마이니치(每日) 신문사로부터 사회복지상을, 2006년 호암재단으로부터 제16회 호암상(사회봉사 부문)을 수상했다. 2007년 국민훈장 동백장, 2010년 사카이 시 제정 제2회 자유도시·사카이 평화공헌상 대상(大賞)을 받았다.

현재 일본 사회복지법인 '마음의 가족' 이사장, 숭실공생복지재단 명예회장으로 있다. 저서로 《어머니는 바보야》, 《김치와 우메보시》, 역서 《괴짜 총리 고이즈미, 흔들리는 일본》, 《고령 사회 이렇게 살아보세》 등이 있다.

진주의 노래 한국 고아의 어머니 윤학자의 생애

2012. 10. 22. 초판 1쇄 인쇄
2012. 10. 27. 초판 1쇄 발행
지은이 모리야마 사토시 **옮긴이** 윤기

펴낸이 정애주 **편집팀** 송승호 한미영 김기민 김준표 오은숙 정한나
디자인팀 김진성 박세정 **제작팀** 윤태웅 유진실 임승철
마케팅팀 차길환 국효숙 박상신 오형탁 송민영 **경영지원팀** 오민택 마명진 윤진숙

펴낸곳 주식회사 홍성사 **등록번호** 제1-499호 1977. 8. 1.
주소 (121-897) 서울시 마포구 합정동 369-43
전화 02) 333-5161 **팩스** 02) 333-5165
홈페이지 www.hsbooks.com **이메일** hsbooks@hsbooks.com

ⓒ 윤기, 2012
ISBN 978-89-365-0944-6 값 12,000원
※ 잘못된 책은 바꿔 드립니다.